AO PÉ DO BOSQUE TORTO

capa e projeto gráfico FREDE TIZZOT

preparação IRINÉO B. NETTO

encadernação LAB. GRÁFICO ARTE & LETRA

© Editora Arte e Letra, 2025

T 454
Thomas, Dylan
Ao pé do bosque torto / Dylan Thomas; tradução de Caetano W. Galindo. — Curitiba : Arte & Letra, 2025.

140 p.

ISBN 978-65-87603-89-6

1. Literatura galesa - Drama   I. Galindo, Caetano W.
II. Título

CDD 822

Índice para catálogo sistemático:
1. Drama : Literatura galesa   822
Catalogação na Fonte
Bibliotecária responsável: Ana Lúcia Merege - CRB-7 4667

Arte e Letra
Curitiba - PR - Brasil
Fone: (41) 3223-5302
www.arteeletra.com.br - contato@arteeletra.com.br
@arteeletra

Dylan Thomas

Ao pé do bosque torto

trad. Caetano W. Galindo

exemplar nº 298

Curitiba
2025

Nota

Alison Entrekin
20 de novembro de 2024

1980. Durante uma visita ao País de Gales, meus pais nos levam para ver a cabana à beira de um lago onde Dylan Thomas compôs grande parte de sua obra. Neste momento, para mim, Dylan Thomas não passa de um nome; mas a imagem de seus óculos ao lado de uma garrafa de vinho vazia sobre uma mesa rústica me intriga.

1984. Encenamos *Under Milk Wood* na escola. A linguagem de Thomas encontra território fértil em cérebros adolescentes e passa a fazer parte da nossa memória afetiva da literatura. Até hoje, se um de nós disser: *It is spring, moonless night in the small town*, outra pessoa dirá *starless and bible-black* e outra ainda acrescentará *the cobblestreets silent and the hunched, courter's-and-rabbit's wood limping invisible down to the slowblack, slow, black, crowblack, fishingboat-bobbing sea.* Daqui em diante, terei inveja de quem ainda não leu o livro, pois a magia ainda está pela frente.

2014. *Under Milk Wood* ficou adormecido na memória durante trinta anos, mas com o meu atual projeto — uma nova tradução de *Grande Sertão: Veredas* para o inglês — ando vasculhando tudo que já li, tentando encontrar livros com as mesmas preocupações formais que a obra-prima de Guimarães Rosa. Na estante, localizo *Under Milk Wood*, tão amarelado que mal dá para ler. A linguagem parece sim ter parentesco com a escrita do Rosa: a textura e a densidade são parecidas. Comento isso com o Caetano Galindo, que acabo de conhecer na Escola de Inverno de Tradução Literária, em Paraty.

2023. Mando uma mensagem pro Caetano avisando que a obra de Thomas entrará em domínio público em 2024. Ninguém melhor para a tarefa, penso eu, dado seu gosto por traduções absurdamente difíceis (Joyce, Carroll, Pynchon, etc.). Nessa altura, já estivemos juntos em pelo menos três mesas intituladas "Traduzir o intraduzível", e temos anos de mensagens trocadas sobre enigmas da tradução literária (quanto mais cabeludos, melhor.) Sinto que pertencemos a uma seita secreta de tradutores que encontram a felicidade máxima em meio aos quebra-cabeças linguísticos mais complexos. E, podem acreditar, Thomas está ali com Joyce e Carroll em termos de dificuldade.

2024. Não falamos mais sobre o assunto, até que um dia, meses depois, a *tradução inteira* aparece na minha caixa de entrada. E eis que não preciso mais invejar aqueles que ainda não leram *Under Milk Wood* porque agora tenho de novo o privilégio de poder ler *Ao pé do bosque torto* pela primeira vez, agora reimaginado — ou "transcriado", para usar o termo inventado por Haroldo de Campos — em português por um dos mais brilhantes tradutores literários do Brasil. Leio em voz alta e as ruas de pedras fervilham com as vidas secretas dos habitantes da vila miúda, numa noite deslua, tal qual no original.

Ao pé do bosque torto

{Silêncio}

PRIMEIRA VOZ (*bem baixinho*)

Começando do começo:

É primavera, noite deslua na vila miúda, escuro bíblio e desestrelo, ruas de pedras mudas e a corcunda de uma mata de casais e de coelhos que coxeia sem ser vista e se confunde enegrecida, funda e negra, desgracida no balanço dos pesqueiros que revogam sobre o mar. As casas estão cegas quais toupeiras (mas toupeiras focinhantes nesta noite veem bem, covinhas velúdeas na fuça) ou cegas como o Capitão Gato ali no meio e gasalhado junto à bica e o relógio da vila, as lojinhas enlutadas, o Salão Municipal que traja trajes de viúva. E toda a gente da cidade acalentada e siderada agora dorme.

Quietos, descansam bebês, fazendeiros, pescadores, vendedores, pensionistas, sapateiro, professor, também carteiro e balconista, o cangalheiro e a mulher de estilo, bebum, modista, pregador, polícia, as catadoras de conchas de pés sapatados e ainda as dondocas viúvas. Mocinhas aninhadas no macio dos lençóis ou deslizando sonho adentro, de anel e de enxoval, amadrinhadas por vagalumes pela nave do bosque que sopra seu órgão. Os rapazes sonham feio com os ranchos empinados da madrugada ou o mar empiratesco. E as estátuas de antracito dos cavalos descansam nas pastagens, e as vacas nos estábulos, e os cachorros em quintais de nariz úmido; e os gatos sonecam nos cantos viesados ou espreitam espertos, rajando-se acúleos, na única nuvem dos tetos.

Pode-se ouvir o orvalho que cai, e o alento da vida silente. Apenas os *nossos* olhos estão descerrados para ver a cidade negra aconchegada num fundo, num sono profundo. E só você está ouvindo a catarastra invisível, a mais negra-ante-aurora ensardada de orvalho do mar que se rola, todo cheio de nonadas, onde o *Arethusa*, o *Maçarico* e a *Cotovia, Zanzibar, Rhiannon, Errante*, o *Biguá*, e a *Estrela de Gales* empinam-se e velam.

Escute. É a noite que se move pelas ruas, o lento vento sal processional pela Rua da Coroação e Rua Marisqueira, é a grama crescendo no Morro Llapahnen, quedorvalho, catarastra, o sono das aves no Bosque Torto.

Escute. É a noite na capela esquálida, gélida, hinejante em toucados e broches e pretos tecidos, gargantilhas borboletas e lacinhos cadarçados, tossindo que nem cabras, chupandinho balazeda, ressonando um aleluia; noite no Bar Birra, silenciosa como um dominó; nos depósitos de Ocky Leiteiro como um rato enluvecido; na padaria de Dai Bread revoando qual farinha empretecida. É hoje à noite na Rua Burrica, trotando calada, com algas nos cascos, pelas pedras berbigadas, por cortinas que encerram vasos samambaios, texto e badulaque, harmônio, sacro móvel, aquarelas feitamãos, cão de porcelana e potinho de chá todorrosa de estanho. É noite que se enrosca em meio aos se-aninhares dos bebês.

Veja. É a noite, nula e nobre serpentando entre as cerejeiras da Rua da Coroação; atravessando o cemitério de Bethesda com ventos enluvados recolhidos, e orvalho a descoberto; aos tropeços frente ao Bar do Osmar Iñeyro.

Passa o tempo. Escute. Passa o tempo.

Chegue mais perto agora.

Só você consegue ouvir as casas que dormem na rua no fundo e lento sal e mudo escuro, na noite embandageada. Só você consegue ver, nos quartos persianados, as coms e anáguas nas cadeiras, os jarros e vasilhas, copinhos com dentes, Não Mandamentarás na parede, e amarelecidos, os olhos de ver passarinho dos mortos retratados. Só você consegue ouvir e também ver, por trás dos olhos dos adormecidos, movimentos e países, labirintos, cores, desfalecimentos e arco-íris, cantigas e desejos e voo, queda e desesperos, grandes mares de seus sonhos.

Capitão Gato, marujo cego aposentado, adormecido no beliche da melhor cabine confortosa, navio-na-garrafante e navegante da Casa Escuna está sonhando com

SEGUNDA VOZ

jamais mares tais como os que um dia inundaram o convés de seu *Kidwelly* cobrindo as cobertas da cama e lisas mais que as caravelas tragando seu corpo rumo ao fundo sal profundo mar escuro onde os peixes vêm morder e roer seu corpo até o tutano, e comprida é que a tromba afogada se encosta.

PRIMEIRO AFOGADO
Lembra de mim, Capitão?

CAPITÃO GATO
Você está dançando, Williams!

PRIMEIRO AFOGADO
Eu perdi o passo em Nantucket.

SEGUNDO AFOGADO
O senhor está me vendo, Capitão? O osso pelado que fala? É o Tom-Fred, o dos burricos... uma vez nós dividimos a mesma mulher... ela se chamava Senhora Probert...

VOZ DE MULHER
Rosie Probert, Beco do Pato, trinta e três. Podem chegar, rapazes, eu estou mortinha.

TERCEIRO AFOGADO
Me segura, Capitão, eu sou o Jonas Jarvis, que me dei mal, bem gostoso.

QUARTO AFOGADO
Alfred Pomeroy Jones, advogado náutico, nasci na Rezinga, cantava que nem pintarroxo, te coroei com um garrafão, tatuei de sereia, a sede de uma draga, morri de bolhas.

PRIMEIRO AFOGADO
Este crânio no teu ouvido é

QUINTO AFOGADO
Bevan, dos Cachinhos. Digam lá pra minha tia que foi eu que penhorei o relógio de ouropel.

CAPITÃO GATO
Correto, correto, Cachinho.

SEGUNDO AFOGADO
Diga lá pra minha patroa que não que nem que nunca

TERCEIRO AFOGADO
Eu nunca que eu fiz o que ela disse nunquinha.

QUARTO AFOGADO
Ah mas fizeram sim.

QUINTO AFOGADO
E agora quem é que leva coco echarpe e papagaio lá pra *minha* Gwen?

PRIMEIRO AFOGADO
Como é que está aí em cima?

SEGUNDO AFOGADO
Tem rum e tem nori?

TERCEIRO AFOGADO
Tem peito e tem pisco?

QUARTO AFOGADO
Concertina?

QUINTO AFOGADO
Sino de Ebenezer?

PRIMEIRO AFOGADO
Tem briga e tem cebola?

SEGUNDO AFOGADO
Andorinha e margarida?

TERCEIRO AFOGADO
Sardinha em pote de geleia?

QUARTO AFOGADO
Leitelho e leitão?

QUINTO AFOGADO
Tem nana-nenê?

PRIMEIRO AFOGADO
Tem roupa estendida?

SEGUNDO AFOGADO
E as velhotas de abraço?

TERCEIRO AFOGADO
Como é que vai os tenores de Dowlais?

QUARTO AFOGADO
Quem é que ordenha as vacas lá em Maesgwyn?

QUINTO AFOGADO
Quando ela sorri, faz covinha?

PRIMEIRO AFOGADO
Como é que é o cheiro de salsinha?

CAPITÃO GATO
Ah, meus mortos queridos!

PRIMEIRA VOZ
De onde vocês estão dá pra ouvir na Rua Marisqueira, nessa noite de primavera sem lua, a Senhoria Price, modista e vendeira de doces, sonhar com

SEGUNDA VOZ
seu amante, mais alto que a torre do relógio, de áu-
reas madeixas xaropessansão, de coxas de força e
pelando na pele, voz de baixo-trovão e peito de cra-
ca-marinha, agitando-lhe os moluscos com os olhos

como tochas e pairando baixo sobre seu corpo solitário, amoroso, envolto sobre a bolsad'águaquente.

SENHOR EDWARDS
Myfanwy Price!

SENHORITA PRICE
Senhor Mog Edwards!

SENHOR EDWARDS
Eu vendo tecidos e endoido de amor. Te amo mais que toda a flanela e a chita, anarruga, chenille, piquê e merinó, e tussor e cretonne e crepon, musselina, popelina e percal e cetim de todo o Salão dos Tecidos do mundo. Vim te levar para meu Empório da colina, onde a mudança vibra pelos cabos. Descarte essas meinhas de dormir e o paletó de tricô tão galês, que esquentarei teu lençol que nem torradeira elétrica, vou me esticar do teu lado que nem um assado de domingo.

SENHORITA PRICE
Eu vou tricotar pra você uma carteira azul não-me-esqueças, pro dinheiro, pra ficar bem fofinho. Eu vou aquecer o teu coração na lareira pra você poder meter debaixo do colete quando a loja estiver fechada.

SENHOR EDWARDS
Myfanwy, Myfanwy, antes do rato roer tua última gaveta, será que tu dirias

SENHORITA PRICE
Sim, Mog, sim, Mog, sim, sim, sim.

SENHOR EDWARDS
E a campainha de todos os caixas da vila há de soar por nossas bodas.

{Som de caixas-registradores e sinos de igreja}

PRIMEIRA VOZ
Venha então, vogue pelo escuro, venha pela rua ora vogante e marescura na escura noite gangorrante como o mar, até o bíblio escuro de um sótão sufocado da loja do sapateiro Jack Black onde só e enlouquecido dorme Jack Black em camisola atada nas canelas com elástico e sonha com

SEGUNDA VOZ
caçar casais safados pelo verdegramo canteiro duplicado engroselhado lá do bosque, vergastando os cestelixos na serragem cusparada, expulsando as moças nuespevitadas lá dos bailes baratinhos dos seus próprios pesadelos.

JACK BLACK (*em voz alta*)
Ach y fi!
Ach y fi!

PRIMEIRA VOZ
Evans, que é da Morte, o cangalheiro,

SEGUNDA VOZ
ri agudo ri mais alto dormindo enrosca os dedinhos
dos pés quando vê, ao acordar cinquenta anos atrás,
a neve que cobre grossa o campo groséleo atrás da
casa de sono; e corre para o campo onde sua mãe
está fazendo bolinhos de gales na neve, e rouba um
punhado de flocos deníveos e frutas e volta de volta
pra cama comer fruta fria e docinha debaixo dos panos quentes e brancos enquanto a mãe contradança
na cozinha de neve gritando a perda dos frutos.

PRIMEIRA VOZ
E no chalezinho de vista inflada logo ao lado do
cangalha, descansam, solitários, os cento e sete
quilos ronquejantes do Senhor Waldo, coelheiro,
barbeiro, herbolário, gaterinário, charlatão, com as
gordas róseas mãos, palmas ao alto, sobre a beira
da colcha retálhica, botas pretas bem limpas arru-
madas na bacia de lavar, chapéu coco num prego
por cima da cama, cerveja deleite e fatia de pudim

de pão frio por debaixo da fronha e; pingando no
escuro ele sonha com

MÃE
Janela janelinha
Porta campainha
Dim
Dom
Ninguém nesta

MENININHO
eba eba eba eba eba

MÃE
andando até chegar em casa e ver

ESPOSA (*Gritando*)
Waldo! Wal-do!

SENHOR WALDO
Diga, Blodwen, meu amor.

ESPOSA
Ah, mas o que é que as vizinhas vão dizer, o que é
que as vizinhas...

PRIMEIRA VIZINHA
Coitadinha da Senhora Waldo

SEGUNDA VIZINHA
Cada coisa que ela aguenta

PRIMEIRA VIZINHA
Nunca deveria de ter casado

SEGUNDA VIZINHA
Se não tivesse que ter que

PRIMEIRA VIZINHA
Igual que nem que a mãe

SEGUNDA VIZINHA
Isso é que é marido ruim

PRIMEIRA VIZINHA
Pior que o pai

SEGUNDA VIZINHA
E você sabe que fim que ele teve

PRIMEIRA VIZINHA
Lá naquele asilo

SEGUNDA VIZINHA
Pedindo a mãezinha

PRIMEIRA VIZINHA
Todo sábado

SEGUNDA VIZINHA
Não tem onde cair

PRIMEIRA VIZINHA
E se metendo

SEGUNDA VIZINHA
Com aquela Senhorita Beattie Morris

PRIMEIRA VIZINHA
Lá na pedreira

SEGUNDA VIZINHA
E viu o nenê lá dela

PRIMEIRA VIZINHA
O nariz igualzinho o dele

SEGUNDA VIZINHA
Ah que o meu coraçãozinho sangra

PRIMEIRA VIZINHA
O que ele não há de fazer por um gole

SEGUNDA VIZINHA
Vendeu pianola

PRIMEIRA VIZINHA
E a máquina de costura dela

SEGUNDA VIZINHA
Caindo na sarjeta

PRIMEIRA VIZINHA
Conversando com os postes

SEGUNDA VIZINHA
Boca suja que só

PRIMEIRA VIZINHA
cantando no b.

SEGUNDA VIZINHA
Coitadinha da Senhora Waldo

ESPOSA (*Às lágrimas*)
... Ah, Waldo, Waldo!

SENHOR WALDO
Calma, meu bem, calma. Agora eu sou viúvo Waldo.

MÃE (*Gritando*)
Waldo, Wal-do!

MENININHO
Que foi, nossa mãe?

MÃE
Ah, o que é que as vizinhas vão dizer, o que é que as
vizinhas...

TERCEIRA VIZINHA
Mais preto que raspa de chaminé

QUARTA VIZINHA
Tocando campainha

TERCEIRA VIZINHA
Quebrando janela

QUARTA VIZINHA
Fazendo bolo de lama

TERCEIRA VIZINHA
Roubando frutinha

QUARTA VIZINHA
Riscando com giz

TERCEIRA VIZINHA
Eu vi que ele estava no mato

QUARTA VIZINHA
Fazendo porquinho

TERCEIRA VIZINHA
De mandar pra cama sem janta

QUARTA VIZINHA
De dar óleo de rícino e trancar num quarto escuto

TERCEIRA VIZINHA
Já pro reformatório

QUARTA VIZINHA
Já pro reformatório

JUNTAS
Um chinelinho no popô que ele já aprende

OUTRA MÃE (*Berrando*)
Waldo, Wal-do! que que cê tá fazendo com a Matti?

MENININHO
Dá um beijinho, Matti Richards.

MENININHA
Dá um tostão então.

SENHOR WALDO
Eu só tenho é meio.

PRIMEIRA MULHER
Na boca é um tostão.

PREGADOR
Recebe Matti Richards

SEGUNDA MULHER
Dulcie Prothero

TERCEIRA MULHER
Effie Bevan

QUARTA MULHER
Lili Potecola

QUINTA MULHER
Senhora Descarga

ESPOSA
Blodwen Bowen

PREGADOR
Como tua legítima esposa

MENININHO (*Berrando*)
Não, não, não!

PRIMEIRA VOZ
Agora, com sua camisola icebergicamente branca de
crinolina lavada em santidade, sob virtuosos lençóis
polares, em seu escovado e apimponado quarto à
prova de pó na calafetadíssima Bayview, uma casa
para hóspedes pagantes, no alto da cidade, a Senhora Ogmore-Pritchard, viúva, e bis, do Senhor Ogmore, linóleo, aposentado, e do Senhor Pritchard,
corretor falido de apostas, que ensandeceu de tanto
varrer, panejar e esfregar, a voz do aspirador, e os
olores de lustra-móveis, desinfetante ironicamente
engolido, se revira no seu sono enxaguado, acorda
num sonho, e cutuca os costelas do falecido Senhor
Ogmore, do falecido Senhor Pritchard, afantasma-
dos a cada seu lado.

SENHORA OGMORE-PRITCHARD
Senhor Ogmore!
Senhor Pritchard!
Está na hora da inalação com bálsamo!

SENHOR OGMORE
Ah, Senhora Ogmore!

SENHOR PRITCHARD
Ah, Senhora Pritchard!

SENHORA OGMORE-PRITCHARD
Daqui a pouco é hora de levantar.
Me digam as obrigações de vocês, em ordem.

SENHOR OGMORE
Eu tenho que pôr meu pijama na gaveta marcada pijamas.

SENHOR PRITCHARD
Eu tenho que tomar meu banho frio que me faz bem.

SENHOR OGMORE
Eu tenho que usar minha faixa de flanela pra evitar a ciática.

SENHOR PRITCHARD
Eu tenho que me vestir atrás da cortina e colocar meu avental.

SENHOR OGMORE
Eu tenho que assoar o nariz.

SENHORA OGMORE-PRITCHARD
Mas no jardim, por favor.

SENHOR OGMORE
Num lencinho de papel que depois eu incinero.

SENHOR PRITCHARD
Eu tenho que usar os meus sais que são amigos da natureza.

SENHOR OGMORE
Eu tenho que ferver a água de beber por causa dos germes.

SENHOR PRITCHARD
Eu tenho que tomar meu chazinho de ervas que não tem tanino.

SENHOR OGMORE
E comer um biscoito de carvão que me faz bem.

SENHOR PRITCHARD
Eu posso fumar um cachimbo de pozinho pra asma.

SENHORA OGMORE-PRITCHARD
Mas no paiol de lenha, por favor.

SENHOR PRITCHARD
E espanar a sala e polvilhar o canário.

SENHOR OGMORE
Eu tenho que pôr luva de borracha e procurar pulga no pequinês.

SENHOR PRITCHARD
Eu tenho que espanar as persianas e aí erguer.

SENHORA OGMORE-PRITCHARD
E antes de deixar o sol entrar, vejam se ele limpou a sola dos sapatos.

PRIMEIRA VOZ
Na casa do açougueiro Beynon, Filandra Beynon, filha, professora, sonhando fundo, fuça grácil sob trêmulo monte de penas galíneas num matadouro com cortinas de chintz e um terninho completo, e encontra, sem surpresa, um homem baixinho mal ajambrado com cauda felpuda que pisca num porta papel.

FILANDRA BEYNON
Finalmente, meu amor,

PRIMEIRA VOZ
suspira Filandra Beynon. E a cauda felpuda sacode-se
rude e ruiva.

ÓRGÃO MORGAN
Socorro,

SEGUNDA VOZ
grita Órgão Morgan, o organista, em seu sonho,

ÓRGÃO MORGAN
Perturbação e música na Rua da Coroação! As esposas todas lá grasnando como gansas e os bebês
cantando ópera. O guardinha Attila Rees sacou do
cassetete e está tocando cadenzas lá na bica, as vacas
do Campo de Segunda trinam feito renas, e no teto
da Villa Haendel veja a Sociedade Feminina que ta-
queia, de calçola, lá na lua.

PRIMEIRA VOZ
Na ponta marinha da vila, o Senhor e a Senhora Floyd,
berbigueiros, vão dormindo num silêncio como a morte, lado enruguecido a lado amarrotado, desdentados,
sal e marrom, como dois arenquinhos na lata.

E lá no alto, na Fazenda Salt Lake, o senhor Utah Watkins conta, a noite toda, as ovelhas com cara de espo-

sa que saltam cercas na colina, sorrindo e crochetando e balindo bem igualzinho à senhora Utah Watkins.

UTAH WATKINS (*Bocejando*)
Trinta e quatro, trinta e cinco, trinta e seis, quarenta e oito, oitenta e nove...

SENHORA UTAH WATKINS (*Balindo*)
Crochê um pula um
Crochê dois juntinhos
Passa o ponto baixíssimo...

PRIMEIRA VOZ
Ocky Leiteiro, afogado no sono na rua Berbigão, esvazia os tonéis no rio Dewi,

OCKY LEITEIRO (*Sussurrando*)
sem pensar nos gastos,

PRIMEIRA VOZ
e chorando que nem um enterro.

SEGUNDA VOZ
Cherry Owen, seu vizinho, leva um caneco até a boca mas dali nada sai. Sacode o caneco; que então vira peixe. Ele bebe o peixe.

PRIMEIRA VOZ

O guardinha Attila Rees rola tonto da cama, cego para as trevas e ainda sireneblinento, e arrasta o capacete de debaixo da cama; mas longe na masmorra dos fundos do seu sono uma voz maldosinha murmura

UMA VOZ (*Murmurando*)

Você vai se arrepender disso aí de manhã,

PRIMEIRA VOZ

e ele upalelê já pra cama. E seu capacete espadana no escuro.

SEGUNDA VOZ

Sérgio Cualfor, o carteiro, acamado noutra casa, caminha vinte quilômetros para entregar as cartas como faz todo dia da noite, e toc-toc-toca firme e forte na senhora Sérgio Cualfor.

SENHORA SÉRGIO CUALFOR

Por favor não me surre, professor,

SEGUNDA VOZ

choraminga ao seu lado a esposinha, mas toda noite desde seu casamento ela chegou atrasada na escola.

PRIMEIRA VOZ
Osmar Iñeyro, em cima da sala de chope do Bar do Osmar Iñeyro, abraça um seu úmido travesseiro cujo nome secreto é Filandra Beynon.

Um magnata agarra Lily Smalls na lavanderia.

LILI SMALLS
Aah, seu velho magnato!

SEGUNDA VOZ
A filha mais velha da senhora Rosa Chalé, chamada Mae, arranca sua pele rosa e branca numa fornalha numa torre numa caverna numa catarata num bosque e aguarda, ardida feito uma cebola, que o Príncipe Encantado salte os espirros em chamas dos ocos das folhas como truta lambuzada em brilhantina.

MAY CASARROSA (*Bem pertinho e sussurrante, arrastando as palavras*)
Me chame Dolores
Que nem nas histórias.

PRIMEIRA VOZ
Sozinha até morrer, Bessie Cabeçorra, uma criada, nascida em abrigo, cheirando a curral, ronca grave e ronca grossa num sofá de palha num celeiro da

Fazenda Lago de Sal e colhe um buquê margarido no Campo de Segunda para colocar no túmulo de Gomer Owen que uma vez lhe deu um beijo lá perto do chiqueiro quando ela não estava olhando e nunca mais deu outro beijo apesar de ela ficar olhando o tempo todo.

E os Inspetores de crueldade vão voando até o sonho da senhora Açougueiro Beynon para perseguir o senhor Beynon por vender

AÇOUGUEIRO BEYNON
carne de coruja, olho de cão, costeleta de gente.

SEGUNDA VOZ
O senhor Beynon, avental sangrentado de açougueiro, espreiteja pela Rua da Coroação, com um dedo, de outra pessoa, na boca. Sem se abalar em seu sono ardiloso ele puxa o pé de seus sonhos e

AÇOUGUEIRO BEYNON
caçando montado nas costas de alguém derruba a tiros os miúdos selvagens de frango.

ÓRGÃO MORGAN (*Agudo e delicado*)
Socorro!

FILANDRA BEYNON (*Delicadamente*)
Meu gatinho.

PRIMEIRA VOZ
Agora por trás dos olhos e segredos dos sonhantes
pelas ruas embaladas no colinho do mar, veja os

SEGUNDA VOZ
pitéus e patranhas, badulaques e botões de casa,
sacolas e caveiras, cinza e casca e caspa e lascas de
unhas, saliva e floquinhos de neve e plumas caídas
dos sonhos, naufrágios e enguias e conchas e peixes,
suco balênico e álcool doméstico e arraia miúda sal-
gada servida pelo mar que se oculta.

PRIMEIRA VOZ
As corujas estão caçando. Olha, sobre as lápides de Bethesda uma pia e revoa e cata um rato perto de Hannah
Rees, Adorada Esposa. E na Rua da Coroação, que só
você pode ver de tão escuro que está sob a capela dos
céus, o Reverendo Eli Jenkins, poeta, pregador, se vira
em seu profundo sonho quase-auroro e sonha com

REVERENDO ELI JENKINS
Arrastapés.

SEGUNDA VOZ
Ele rima complexamente, ao som de crwth e pé-
-de-porco, a noite toda com sua camisolinha se-
bosa de druida sob uma barraca de vender cerveja
toda preta de remendos.

PRIMEIRA VOZ
O senhor Pugh, mestre-escola, sonda o sono, finge
estar dormindo, espia ardiloso em torno à aba de seu
gorro e psst! acorda num assovio.

SENHOR PUGH
Assassino.

PRIMEIRA VOZ
A senhora Órgão Morgan, vendeira, enroscada gris
qual arganaz, patinhas tapando o ouvido, conjura

SENHORA ÓRGÃO MORGAN
Silêncio.

SEGUNDA VOZ
Ela dorme dulcíssima em seu ninho de lã, e o trom-
bônico Órgão Morgan ao seu lado ronca mais baixo
que uma aranha.

PRIMEIRA VOZ
Mary Ann Iñeyro sonha com

MARY ANN IÑEYRO
O Jardim do Éden.

PRIMEIRA VOZ
Ela vem com sua bata e de tamanquinhos

MARY ANN IÑEYRO
saindo da cozinha fresca, chão de pedras escova-
das, com as figuras da escolinha de catequese na
parede caiada e o almanaque fazendeiro pendura-
do por cima do bancão baú e as tiras de toucinho
pendentes de ganchos de teto, e desce as trilhas de
conchas moídas daquele quintal tortinha-quente
da cozinha, abaixando por passar por sob os gram-
pos de roupa ciganos, enroscando o avental nos
arbustos de groselha, passando canteiros de feijão
e mais cebolas com tomates madurando sobre o
muro lá pros lados do velho que toca harmônio no
pomar, e senta na grama ao lado dele e debulha er-
vilhas verdes que crescem furando-lhe o colo do
vestido que roça no orvalho.

PRIMEIRA VOZ
Na rua do Burrico, peludos de sono, Dai Bread,
Polly Cintaliga, o Pilantra e o Lorde Vidro Lapido
antes da aurora que prestes já vem e sonhando com

DAI BREAD
Haréns.

POLLY CINTALIGA
Nenéns.

PILANTRA
Nadinha.

LORDE VIDRO LAPIDO
Tique taque tique taque tique taque tique taque

PRIMEIRA VOZ
Passa o tempo. Ouça. Passa o tempo. Uma coruja
voa de volta pra casa passando Bethesda, rumo a
uma capela num carvalho. E aurora vem aos poucos.

{*Uma única e distante nota de um sino, que leve reverbera*}

PRIMEIRA VOZ
Ponha-se nesta colina. Esta é a Colina Llapahnen, mais
velha que a paisagem, alta, fresca, e verde, e deste pequeno círculo, de pedras, feito não por druidas mas

pelo Billy da senhora Beynon, você pode ver toda a vila lá embaixo de você, que dorme ao romper da aurora.

Você pode ouvir os pombinhos namorados que vislumbram sonhâncias. Um cachorro late dormindo, a fazendas e fazendas de distância. A cidade marulha como um lago sob a névoa que desperta.

VOZ DE UM GUIA DE VIAGEM

Menos de quinhentas almas habitam as três ruazinhas pitorescas, umas poucas vielas estreitas e parcas casas de fazenda que constituem este pequeno e decadente balneário que pode, de fato, ser descrito como 'o fundo do poço' sem que seja um desenhorespeito a seus nativos que ostentam, até hoje, uma individualidade salaz que é toda sua. A rua principal, Rua da Coroação, consiste, em sua maior parte, de casinhas humildes de dois pisos, muitas das quais tentam demonstrar uma pouca de alegria ao se enfeitar com cores duras e empregar liberalmente o caiamento cor-de-rosa, embora restem ainda certas casas do século dezoito que têm maiores pretensões, conquanto, como um todo, estejam em péssimo estado de conservação. Malgrado haver poucas atrações para quem busque alpinismo, saúde, desporto ou passeios de carro num fim de semana, os mais contemplativos poderão, se encontrarem motivo para lhe conceder umas horas vagas, encontrar, em suas ruas calçadas de pedras e no seu pequeno porto de pesca, em seus diversos costumes curiosos, e na conversa dos 'personagens' locais, algo daquela pitoresca sensação de passado que com tanta frequência nos falta nas cidades e vilarejos que se mantiveram mais afinados com o correr do tempo. O único templo, com seu cemitério abandonado, não tem interesse arquitetônico. Diz-se que o rio Dewi está coalhado de trutas, mas a pesca ilegal é muito frequente.

{*Um galo canta*}

PRIMEIRA VOZ
O principado dos céus ora se acende, sobre nosso morro verdejante, numa primavera matinal que cotovia e que se encorva e que se sina.

{*Lentas notas de sino*}

PRIMEIRA VOZ
Quem estaria puxando a corda do sino da prefeitura senão o cego Capitão Gato? Um por um, os dormecidos são rancados de seu sono nesta única manhã como em toda manhã. E logo você há de ver o lento jorro chaminéu das neves enquanto o Capitão Gato, com touca de marujo e botas navegãs, anuncia o hoje com seu tonante sino saidacama.

SEGUNDA VOZ

O Reverendo Eli Jenkins, na Casa Bethesda, sai tátil da cama e mergulha no negror dos paramentos de pastor, penteia para trás a branca cabeleira bárdica, esquece de se lavar, desce descalço as escadas, abre a porta da frente, se detém no limiar e, olhando o dia lá fora e lá em cima a eterna colina, e ouvindo o mar quebrar e a parolagem dos pássaros, recorda seus próprios versos que então diz baixinho para o vazio da Rua da Coroação que não para de subir e de subir as persianas.

REVERENDO ELI JENKINS

Ó Pátria amada! Eu sei que tens
Por outras vilas mais amores,
Pois nelas há maiores bens,
E bosques mais cheios de flores
E primaveras haverá,
Onde aves cantam na floresta;
Melhores bardos cantam lá
Manhãs mais belas do que esta.
Algures troa a tempestade,
E faz brilhar a sua glória,
Onde cresceu a humanidade
E construiu toda uma história,
E morros há por lá também
De altura tão impressionante

Que humilharão o Llapahnen:
Anão à frente de um gigante.
Riachos, fontes, rios, ribeiros,
Rincões de encantos, serenatas,
E cursos d'água prazenteiros,
Cascatas, quedas, cataratas,
Que saltam longe, ou logo ali,
E fazem entre monstros tais
Pequeno o nosso rio Dewi:
Bebê largado entre os juncais.
Não temos praias, nem ilhotas
Nem as paisagens mais garridas:
Mas um rochedo onde as gaivotas
Só pousam quando deprimidas.
Vivemos todos num buraco
Do mundo velho e sem porteira,
Mas eu sublinho, e até destaco,
Que passaria a vida inteira
Nas ruas deste meu lugar
Andando e vendo o que já vi,
Ouvindo o rio cantarolar,
E sem jamais sair daqui.

SEGUNDA VOZ
O Reverendo Jenkins fecha a porta da frente. Sua missa matinal acabou.

{*Lentas notas de um sino*}

PRIMEIRA VOZ
Agora, finalmente despertada pelo sino da prefeitura com seu acorda-pra-vida-oh-bela-margarida-e-esquenta-a água-pro-chá, Lili Smalls, tesourinho da senhora Beynon, desceu do primeiro andar vinda de um sonho em que um nobre passou a noite toda de arrulhos com ela bem picante lá no escuro da Bosque Torto, e colocou a chaleira na boca maior da cozinha da senhora Beynon, e se olha no espelho de barbear do senhor Beynon em cima da pia e vê:

LILY SMALLS
Ah mas que rosto!
De onde veio esse cabelo?
Peguei de um gato velho.
Devolve então, amor.
Ah mas que permanente!
De onde te veio esse nariz, Lily?
Ganhei foi do meu pai, que eu vi.
Mas você pôs de ponta-cabeça!
Ah mas que alisado!

Olha esse tom de pele!

Ah não, olha você.

Precisa maquiar.

Precisa um véu.

Ah mas que glamour!

De onde veio esse sorriso,

Lil? Não faz diferença, menina.

Ninguém te ama.

Você que acha!

Quem é que te ama?

Não digo.

Ah, vai, Lily.

Jura por Deus, então?

Juro por Deus.

PRIMEIRA VOZ
E bem baixinho, lábios quase tocando o reflexo, ela sussurra o nome e embaça o espelho de barbear.

SENHORA BEYNON (*Em alto e bom som, lá no andr de cima*)
Lily!

LILY SMALLS (*Bem alto*)
O que foi, mãe.

SENHORA BEYNON
Cadê o meu chá, menina?

LILY SMALLS
(*Baixinho*) Mas onde é que ia estar? Na caixinha do gato?

(*Alto*) Já vou subindo, mãe.

PRIMEIRA VOZ
O senhor Pugh, na Casa da Escola que fica do outro lado da rua, leva o chá matinal para a senhora Pugh, e sussurra escada acima

SENHOR PUGH
Chegou o teu arsênico, meu bem.
E a bolachinha envenenada.
Eu já esganei teu periquito.
Já cuspi em todos os vasos.
Pus queijo lá pros ratos.
Chegou o teu... {A porta abre com um rangido}
... chazinho, amor.

SENHORA PUGH
Tá doce demais.

SENHOR PUGH

Você ainda nem provou, meu bem.

SENHORA PUGH

Então tem leite demais. O senhor Jenkins já falou aquela poesia?

SENHOR PUGH

Já, meu bem.

SENHORA PUGH

Então está na hora de levantar. Alcança os meus óculos.

Não, não os meus óculos de *leitura*, eu quero olhar lá pra fora.

Eu quero ver.

SEGUNDA VOZ

Lily Smalls tesourinho de joelho ralado lavando o degrau da entrada.

SENHORA PUGH

Ela meteu o vestido nas calçolas — ah, que maleta!

SEGUNDA VOZ

O guardinha Attila Rees, largo feito um touro, calçando umas botinas de barcaça, num passo pesado saindo da Casa da Algema enfurecido de um vermelho carnecrua, cara toda roxa sob o quepe empapado...

SENHORA PUGH
Ele vai prender a Polly Cintaliga, anotem o que eu digo.

SENHOR PUGH
Por quê, meu bem?

SENHORA PUGH
Por ter neném.

SEGUNDA VOZ
...e marcha forte rumo à praia conferir se o mar estava lá.

PRIMEIRA VOZ
Mary Ann Iñeyro, abrindo a janela do quarto em cima da sala da chope e gritando para o céu

MARY ANN IÑEYRO
Eu tenho oitenta e cinco anos três meses e um dia!

SENHORA PUGH
Isso eu tenho que admitir, ela nunca erra a conta.

PRIMEIRA VOZ

Órgão Morgan à janela do seu quarto tocando acordes na soleira para as matinais gaivotas peixeiras que, ranhetas sobre a Rua do Burrico, observam

DAI BREAD

Eu, Dai Bread, correndo para a padaria, metendo a camisa por dentro das calças, abotoando o colete, pluf lá se vai um botão, como é que elas não costuram, não dá nem tempo de tomar café, tem nada pro café, é bem pra isso que vale ter esposas.

SENHORA DAI BREAD UM

Eu, Senhora Dai Bread Um, meu toucado e meu xale e um corsete nada antigo, é bom ficar quentinha, é bom ser boazinha, tamancando pelas pedras pra acordar algum vizinho. Ah, senhora Sarah, será que tem um pão a mais, amor? Dai Bread esqueceu o pão. Isso é que é manhã bonita! Como que estão esses furúnculos? Mas que bela notícia, então, é um alívio poder sentar. Tchau, senhora Sarah.

SENHORA DAI BREAD DOIS

Eu, senhora Dai Bread Dois, aciganada elegantosa com uma anágua escarlate sedosa que nem me bate nos joelhos, joelhinhos sujos e mimosos, olhe o meu corpo pela anágua transparente, marrom que nem groselha, sapatinhos de salto com um deles sem um salto, pente de tartaruga no cabelo preto reluzente ondulescente, e nada mais, nadinha fora um toque de perfume, à toa colorida na porta de casa, leio a tua sorte nas folhas de chá, cara fechada por causa do sol, acendendo o meu cachimbo.

LORDE VIDRO LAPIDO
Eu, Lorde Vidro Lapido, com uma casaca velha que um dia foi de Eli Jenkins e umas calças de carteiro de um bazar lá da Bethesda, saindo de casa apressado esvaziar penico — cuidado lá, Rover! — e aí entrando apressado de novo, tique taque.

PILANTRA
Eu, Pilantra, pilantro na lavanderia

SENHORITA PRICE
Eu, Senhorita Price, com meu casaquinho estampado de ficar em casa, ás do varal, mais garbosa que uma corruíra nanica, e aí volto pulandinho até o meu ovo que eu deixei com uma gorrinha de crochê, minhas torradas crocantes, minha geleia de ameixa feita em casa e a minha manteiguinha.

POLLY CINTALIGA
Eu, Polly Cintaliga, embaixo do varal, dando o peito no jardim pro meu belo bebê mais recente. No nosso jardim

não cresce nada, só roupa lavada. E bebês. E onde que mora os pais deles, meu anjo? Além do horizonte. Você agora está me olhando. Eu sei o que você está pensando, seu bichinho triste e deleitoso. Você está pensando, você não vale mesmo é nada, Polly, e tudo bem por mim. Ah, mas a vida não é uma coisa horrível, graças a Deus?

{*Um único acorde agudo nas cordas*}

PRIMEIRA VOZ
Agora cospem as frigideiras, chaleiras e gatos ronronam na cozinha. A vila cheira a algas e café da manhã desde lá de Bayview, onde a senhora Ogmore-Pritchard, vestido e turbante, equipada de imensa vassoura para enfrentar a poeira, belisca seu pão infeculoso e beberica chá com raspa de limão, até o Chalé do Fundo, onde o senhor Waldo, chapéu coco e babador, garfa voraz suas batatas com repolho e mais um peixe defumado enquanto bebe direto do pote de molho. Marry Ann Iñeyro

MARY ANN IÑEYRO
dá graças ao Senhor que criou o mingau.

PRIMEIRA VOZ
O senhor Pugh

SENHOR PUGH
recorda vidro moído enquanto malabaira uma omelete.

PRIMEIRA VOZ
A senhora Pugh

SENHORA PUGH
repreende o saleiro.

PRIMEIRA VOZ
Sérgio Cualfor, carteiro

SÉRGIO CUALFOR
entorna seu último balde de chá preto salmouroso e
dispara doido rumo ao quintal cacarejante onde as
galinhas pululam e gemem por suas migalhas de pão
empapadas de chá.

PRIMEIRA VOZ
A senhora Sérgio Cualfor

SENHORA SÉRGIO CUALFOR
entupida de chá até a borda da dupla queixada, en-
casquetada, está fervendo com seu bando de chaleiras no fogão que chia quente sempre pronta a abrir
cartinhas com vapor.

PRIMEIRA VOZ
O Reverendo Eli Jenkins

REVERENDO ELI JENKINS
encontra uma rima e molha a caneta no chocolate
quente.

PRIMEIRA VOZ
O Lorde Vidro Lapido na sua cozinha que tica e que taca

LORDE VIDRO LAPIDO
corre de um relógio a outro, montão de chavinhas de
dar corda numa mão, uma cabeça de peixe na outra.

PRIMEIRA VOZ
O Capitão Gato na sua galé

CAPITÃO GATO
cego e dedolévio lambe os beiços com sua naútica
fritada.

PRIMEIRA VOZ
O senhor e a senhora Cherry Owen, em seu cômo-
do da Rua do Burrico que é quarto, sala, cozinha e
despensa, estão à mesa com o jantar de ontem e suas
cebolas cozidas com seus sobretudos e caldo de ba-
tata e toucinho e alho-porro e mais ossos.

SENHORA CHERRY OWEN
Tá vendo aquele borrão na parede do lado do retrato
da Tia Flor? Foi ali que você arremessou o sagu.

{Cherry gargalha de prazer}

SENHORA CHERRY OWEN
Faltou coisa de dois centímetros pra me pegar.

CHERRY OWEN
Falta da tia Flor? Eu também sinto.

SENHORA CHERRY OWEN
Lembra de ontem à noite? Você chegou com a maré,
meu garoto, mais bebum que um sacerdote com um balde encharcado e um puçá repletão de cerveja e me olhou
e me disse, 'Deus chegou em casa!' você disse, e aí lá se
descambou você por cima do balde, chorando um cho-
rume e deixando o chão que era só caco e enguia.

CHERRY OWEN
Eu me machuquei?

SENHORA CHERRY OWEN
Depois você tirou as calças e disse, 'Alguém aí quer
briga?'. Ah, seu babuíno caquético.

CHERRY OWEN
Dá um beijinho.

SENHORA CHERRY OWEN
Depois você cantou 'Pão do Senhor', tenor e baixo.

CHERRY OWEN
Eu sempre canto 'Pão do Senhor'.

SENHORA CHERRY OWEN
Depois você deu uma dançadinha em cima da mesa.

CHERRY OWEN
Ah foi?

SENHORA CHERRY OWEN
Nem venha!

CHERRY OWEN
E o que foi que eu fiz depois?

SENHORA CHERRY OWEN
Depois você chorou que nem bebê e disse que era um pobre orfãozinho bêbado que não tinha pra onde ir, só a tumba.

CHERRY OWEN
E o que foi que eu fiz depois, meu bem?

SENHORA CHERRY OWEN
Aí você dançou de novo em cima da mesa e disse que era o Rei Salomão Owen e que eu era a sua senhora Sabá.

CHERRY OWEN (*Delicadamente*)
E depois?

SENHORA CHERRY OWEN
Depois eu te levei pra cama e você roncou a noite toda igual uma cervejaria.

{O senhor e a senhora Cherry Owen gargalham juntos de prazer}

PRIMEIRA VOZ
Do açougue Beynon na Rua da Coroação, o cheiro de fígado frito sai de fininho com seu hálito de cebolas. E escutem! Na escura salinha de café-da-manhã atrás da loja, o senhor e a senhora Beynon, sob o olhar atento do seu tesourinho, se comprazem, entre bocados, com seu banzé matinal, e a senhora Beynon passa às esconsas as nervuras e partes mais duras por baixo da toalha de borlas para seu gato gordinho.

{*Gato ronrona*}

SENHORA BEYNON
Ela gosta de fígado, Ben.

SENHOR BEYNON
É bom que goste, Bess. É do irmão dela.

SENHORA BEYNON (*Gritando*)
Ai, você ouviu essa, Lily?

LILY SMALLS
Ouvi sim, mamãe.

SENHORA BEYNON
A gente está comendo chaninho.

LILY SMALLS
É sim, mamãe.

SENHORA BEYNON
Ai, seu açougueiro de gato!

SENHOR BEYNON
Mas veja bem, que ele foi cuidado.

SENHORA BEYNON (*Histérica*)
E o que é que isso tem a ver com as cuecas?

SENHOR BEYNON

Ontem a gente comeu toupeira.

SENHORA BEYNON

Ai, Lily, Lily!

SENHOR BEYNON

Segunda, lontra. Terça, esquilinhos.

{*A senhora Beynon berra*}

LILY SMALLS

Ah, pare, senhora Beynon. Ele é o maior loroteiro da vila.

SENHORA BEYNON

Você não ouse me dizer isso do senhor Beynon.

LILY SMALLS

Todo mundo sabe, mamãe.

SENHORA BEYNON

O senhor Beynon nunca mente. Não é verdade, Ben?

SENHOR BEYNON

Verdade, Bess. E agora eu vou atrás dos cuitelinhos, com o meu cutelinho.

SENHORA BEYNON
Ai, Lily, Lily?

PRIMEIRA VOZ
Ruacima, no Bar do Osmar Iñeyro, Osmar Iñeyro,
neto de Mary Ann Iñeyro, tira um chope no balcão
ensolarado. O relógio naval do balcão está dizendo
onze e meia. Onze e meia é hora de abrir. Os pon-
teiros do relógio estão parados às onze e meia faz
cinquenta anos. É sempre hora de abrir no Bar do
Osmar Iñeyro.

OSMAR
Um brinde a mim, Osmar.

PRIMEIRA VOZ
Por toda a cidade, bebês e velhinhos são banhados
e postos nos carrinhos de passeio estropiados e em-
purrados para as pedras enconchadas das calçadas
que o sol ilumina ou quintais estendidos sob roupas
de baixo que balançam, e ficam. Um bebê chora.

VELHO
Eu quero cachimbo e ele quer mamadeira.

{*Toca o sino da escola*}

PRIMEIRA VOZ

Narizes assoados, carepas cutucadas, cabelos penteados, patinhas esfregadas, orelhas estapeadas e lá se vão os apitos das crianças rumo à escola.

SEGUNDA VOZ

Pescadores resmungam-se às redes. O Pilantra zarpa no bote Zanzibar, recolhe os remos, singra lento no dia pleno de nadas, e, deitado de costas na água que não esvaziou, entre pernas de siri e linhas maranhadas, contempla o céu de primavera.

PILANTRA (*Delicada, preguiçosamente*)

Não sei quem é que está lá em cima e nem quero saber.

PRIMEIRA VOZ

Ele vira a cabeça e olha para o Morro Llapahnen, e vê, entre árvores de verde escumadas, as casas brancas das fazendas espargidas na paisagem, onde os fazendeirinhos assoviam, e berram os cães, mugem vacas, mas tudo tão longe demais para ele, ou você, ter como ouvir. E na vila, as lojinhas se abrem rangentes. O senhor Edwards, de colarinho-borboleta e chapéu de palha, parado à porta da Casa Manchester, mede de olho os passantes errantes para camisas de flanela e mortalhas, e blusas floridas, e se urra um recado no escuro que lhe resta atrás dos olhos.

SENHOR EDWARDS (*Sussurra*)
Eu amo a senhorita Price.

PRIMEIRA VOZ
Alguém vende xarope no correio. Um carro segue rumo à feira, cheio de aves e de um fazendeiro. Tonéis de leite paradinhos na esquina da Coroação como se fossem policiais baixotes prateados. E, sentado à janela aberta da Casa Escuna, o cego Capitão Gato ouve inteira a manhã da cidade.

{*Sino da escola ao fundo. Vozes de crianças. Som dos passos das crianças nas pedras da rua*}

CAPITÃO GATO (*Baixinho, sozinho*)
Maggie Richards, Ricky Rhys, Tommy Powell, nossa Sal, o menorzinho dos

Gerwain, o Billy Swansea que tem voz de cachorro, um dos do senhor

Waldo, o Humphrey malvado, Jackie fungadeira... Cadê o

Albie lá do Dicky? E os meninos de Ty-pant? Vai ver que estão com brotoeja de novo.

{*Um grito repentino entre as vozes das crianças*}

CAPITÃO GATO

Alguém bateu na Maggie Richards. Aposto que foi o Billy Swansea. Não dá pra confiar num guri que late.

{*Eclodem ganidos gritados*}

Na mosca de novo! É o Billy.

PRIMEIRA VOZ

E as vozes das crianças gritam longes.

{*O carteiro bate rebate na porta, distante*}

CAPITÃO GATO (*Baixinho, sozinho*)

É o Sérgio Cualfor batendo em Bayview. Toctoc-toc, bem baixinho. A aldrava usa uma luva de pelica. Quem foi que mandou uma carta pra senhora Ogmore-Pritchard?

{*Toctoctoc, distante outra vez*}

CAPITÃO GATO

Cuidado agora, ela esfrega essa entrada até virar espelho. Cada degrau fica igual um sabão. Olhe onde põe essas patolas. A velhota da Bessie era capaz de encerar o gramado só pra fazer passarinho escorregar.

SÉRGIO CUALFOR
Bom dia, senhora Ogmore-Pritchard.

SENHORA OGMORE-PRITCHARD
Bom dia, senhor carteiro.

SÉRGIO CUALFOR
Toma uma carta para a senhora com um envelope selado e endereçado dentro, veio lá de Builth Wells. Um cavalheiro que quer estudar as aves e se a senhora pode receber por duas semanas com banho vegetariano.

SENHORA OGMORE-PRITCHARD
Não.

SÉRGIO CUALFOR (*Convincente*)
A senhora não ia nem perceber que ele estava na casa, senhora Ogmore-Pritchard. Ele ia sair de manhã na hora que o sol desse as caras com um saquinho de pão velho e uma lunetinha pequeninha...

SENHORA OGMORE-PRITCHARD
E chegar em casa tarde da noite coberto de pena. Eu não quero gente na minha casa limpinha, respirando em cima das poltronas...

SÉRGIO CUALFOR
Juro por Deus que ele nem respira.

SENHORA OGMORE-PRITCHARD
...e metendo o pé nos meus tapetes e espirrando na minha louça e dormindo nos meus lençóis...

SÉRGIO CUALFOR
Ele só quer uma cama de solteiro, senhora Ogmore--Pritchard.

{*A porta bate*}

CAPITÃO GATO (*Delicadamente*)
E lá vai ela de volta pra cozinha lustrar as batatas.

PRIMEIRA VOZ
O Capitão Gato escuta os pés pesados de Sérgio Cualfor bem distantes sobre as pedras.

CAPITÃO GATO
Um, dois, três, quatro, cinco... É a senhora Rosa Chalé. Que dia é hoje? Hoje ela recebe a carta da irmã que mora em Gorslas. Como é que estão os dentinhos dos gêmeos?

Ele está parando na Casa da Escola.

SÉRGIO CUALFOR

Bom dia, senhora Pugh. A senhora Ogmore-Pritchard não aceita um cavalheiro de Builth Wells porque ele vai dormir nos lençóis, os gêmeos da irmã da senhora Rosa Chalé lá de Gorslas vão ter que extrair…

SENHORA PUGH

Dá o pacote.

SÉRGIO CUALFOR

É pro *senhor* Pugh, senhora Pugh.

SENHORA PUGH

Não faz mal. O que é que tem dentro?

SÉRGIO CUALFOR

Um livro intitulado *Biografias dos Grandes Envenenadores*.

CAPITÃO GATO

É a Casa Manchester.

SÉRGIO CUALFOR

Bom dia, senhor Edwards. Quase nada de novidade. A senhora Ogmore-Pritchard não aceita pássaro em casa, e o senhor Pugh comprou um livro pra aprender a dar cabo da senhora Pugh.

SENHOR EDWARDS
E você trouxe alguma carta *dela*?

SÉRGIO CUALFOR
A senhorita Price ama o senhor do fundo da alma.
Perfumadinha de lavanda hoje. Já está na última garrafa de vinho de sabugueiro mas a marmelada ainda
está boa e ela está bordando rosinhas nos panos de
centro. Semana passada vendeu três potes de puxapu-
xa de caramelo, meio quilo de bala de menta, meia
caixinha de pirulitos e seis fotos coloridas de Llapahnen. Da sua querida. E aí vinte e um coraçõezinhos.

SENHOR EDWARDS
Ah, Sérgio Cualfor, ela é um rubi! Toma a minha
carta. Ponha agora mesmo nas mãos dela.

{*Pés lentos sobre as pedras, pés mais prestos se aproximam*}

CAPITÃO GATO
O senhor Waldo correndo para o Bar do Osmar
Iñeyro. Um caneco de cerveja com ovo.

{*Os passos param*}

(*Baixinho*) Tem uma carta pra ele.

SÉRGIO CUALFOR
É outra intimação num processo de paternidade, senhor Waldo.

PRIMEIRA VOZ
Os passos apressados vão correndo pelas pedras e sobem os três degraus do Bar do Osmar Iñeyro.

SENHOR WALDO (*Chamando alto*)
Rápido, Osmar. Um caneco de cerveja. E sem ovo.

PRIMEIRA VOZ
As pessoas agora vão andando de um lado pro outro na rua de pedras.

CAPITÃO GATO
Todas as mulheres estão na rua hoje, no sol. Dá pra sentir que é primavera. E lá vai a senhora Cherry, dá pra saber que é ela pelos gambitos, gambiteando animada que nem uma flor. Quem é que está ali conversando do lado da bica? A senhora Floyd e o Pilantra, falando de linguado. O que é que tem pra se falar de linguado? Ali é a senhora Dai Bread Um, bailandinho rua acima que nem geleia, cada rebolada é um caplof cataplof. E ali quem é? A senhora Açougueiro Beynon com o gatinho preto de estimação, que onde ela for vai atrás, só de miau e coisa e tal. Lá vai a se-

nhora Vinte e Três, importante, o sol nasce e se põe na papada dela, quando ela fecha o olho, é de noite. Salto alto agora, e de manhã, a Mae, a mais velha da senhora Rosa Chalé, dezessete aninhos e nunca ganhou um beijo, ohoho, passando jovem e ordenheira pela minha janela quando leva as cabritas pro pasto, ela me lembra até demais. Não dá pra ouvir a fofoca das mulheres em volta da bica. O de sempre. Quem é que vai ter nenê, quem deixou quem de olho roxo, viu a Polly Cintaliga levando a barriga passear, deviam proibir uma coisa dessas, viu o suéter novo, bordô, da senhora Beynon, é o velho, cinza, que ela tingiu, quem morreu, quem está pra morrer, ah mas que dia lindo, e o preço do sabão de lavar roupa!

{*Música de órgão, ao longe*}

CAPITÃO GATO
O Órgão Morgan começou cedo. Dá pra ver que é primavera.

PRIMEIRA VOZ
E ele escuta o barulho das latas de leite.

CAPITÃO GATO
Ocky Leiteiro fazendo as entregas. Uma coisa eu vou dizer, que o leite dele é fresquinho feito o se-

reno. Também. É metade sereno mesmo. Vai chora-mingando, Ocky, aguando a vila inteira… Está chegando alguém. Agora as vozes em volta da bica já viram alguém chegando. Nossa, que silêncio! Dá pra saber pelo volume do silêncio que é a Polly Cintaliga. (*Mais alto*). Oi, Polly, quem é que está vindo aí?

POLLY CINTALIGA (*Ao longe*)
Eu, meu bem.

CAPITÃO GATO
Agora sim é a Polly Cintaliga. (*Baixinho*) Oi, Polly, meu anjo, está ouvindo as gansas fanhas daquelas comadres tapadas juntadas na granja que rebicam, bamboleiam e esperneiam logo ali? Quem te abraçou, e foi quando? Qual dos patos dos maridinhos delas gemeu no Bosque Torto pelos teus bracinhos maternos safados e esse corpão de guarda-roupa, meu amor? Lave o piso do Salão Municipal pro Baile da União Social das Matronas, está aqui uma matrona que não vai sair sacudindo um traseiro gorducho nem batendo os pezinhos redondos e sebosos naquele templo aliançado hoje à noite por mais que os pés-de-valsa provedores de suas famílias arrancados do conforto fumacento do Bar do Osmar Iñeyro hajam de ficar de lamúrias e de mais lamentos.

{*Um galo canta*}

CAPITÃO GATO
Tarde demais, meu galinho, tardemais

SEGUNDA VOZ
porque a cidade já está quase terminando essa sua
manhã. A manhã está atarantada tão atarefada.

{*A música de órgão diminui até sumir no silêncio*}

PRIMEIRA VOZ
Eis o pocotar dos cavalos nas pedras que o sol melidoura
nas ruas zumbidas, martelar de ferraduras, glugluleios,
grasnados, grasnidos, pipilos piados nos ramos pesados
de pássaros, zurrados na Baixa dos Burricos. Pão assan-
do, porcos grunhindo, cutela o açougueiro, tonéis de
leite ressinam, caixas de lojas tilintam, ovelhas tossem,
gritam cães e serras trinam. Ah, os primavérios relinchos
e matutinos mugidos das fazendas que atamancadas
dançam, a reles ralé da oratória gaivótica no rio ou no
mar que balouça barquinhos e os mariscos borbulhantes
pela areia, pilrito apressado, maçarico estrilando, o corvo
crocita, arrulha a pomba, relógio bate, touro turra, e um
tal tagarelismo estropiado como rinhas de ursos pardos
enquanto as mulheres se lanham e se maldam no arma-
zém geral da senhora Órgão Morgan onde se vende de
um tudo: pudim, balde, henna, ratoeiras, redes de cama-
rão, açúcar, selos, confetti, parafina, machadinhas, apitos.

PRIMEIRA MULHER
A senhora Ogmore-Pritchard

SEGUNDA MULHER
Metida

PRIMEIRA MULHER
está com um sujeito de Builth Welss

TERCEIRA MULHER
e ele tem uma lunetinha de olhar passarinho

SEGUNDA MULHER
O Sérgio Cualfor que disse

TERCEIRA MULHER
Lembra o primeiro marido dela? Aquele ali não precisava de luneta

PRIMEIRA MULHER
ficava vendo elas trocarem de roupa pelo buraquinho da fechadura

TERCEIRA MULHER
e gostava de gritar Manda Brasa

SEGUNDA MULHER
mas o senhor Ogmore era um cavalheiro de verdade

PRIMEIRA MULHER
se bem que ele enforcou o collie.

TERCEIRA MULHER
Vocês viram a senhora do Açougueiro Beynon?

SEGUNDA MULHER
ela disse que o Açougueiro Beynon põe cachorrinho
na máquina de moer carne PRIMEIRA MULHER

ah, para, ele está tirando sarro dela

TERCEIRA MULHER
agora, você me seja bem boazinha e nem pense em
contar pra ela

SEGUNDA MULHER
senão ela acaba achando que ele quer é arrancar o
pé pra comer,

QUARTA MULHER
No fundo, no fundo é um pessoalzinho bem péssimo que mora aqui.

PRIMEIRA MULHER
Olha o tal do Pilantra agora

SEGUNDA MULHER
preguiçoso até pra limpar aquele ranho escorrido

TERCEIRA MULHER
e sai pra pescar todo dia e a única coisa que ele trouxe uma vez foi uma senhora Samuels

PRIMEIRA MULHER
que tinha passado uma semana na água.

SEGUNDA MULHER
E olha a mulher do Ocky Leiteiro que ninguém nunca nem não viu

PRIMEIRA MULHER
ele guarda a mulher no armário junto com as garrafas vazias

TERCEIRA MULHER
e aquele Dai Bread com duas mulheres

SEGUNDA MULHER
uma pra durante o dia e a outra pra noite.

QUARTA MULHER
Homem é tudo monstro por baixo dos panos.

TERCEIRA MULHER
E como é que vai o Órgão Morgan, senhora Morgan?

PRIMEIRA MULHER
a senhora está com uma cara de acabada...

SEGUNDA MULHER
é órgão órgão sem parar com aquele lá

TERCEIRA MULHER
fica até meia-noite toda noite tocando órgão.

SENHORA ÓRGÃO MORGAN
Ah, a música me fez em mártir.

PRIMEIRA VOZ
Lá fora, o sol salta no cachaço da vila dura na queda. Percorre as sebes do beco Gansâncio, fazendo os pássaros cantarem na pancada. A primavera estala verde pela Rua Marisqueira, e as conchas tintinam. Llapahnen nesse trisco de manhã está toda fruta-silvestre e morninha, as ruas, campos, areias e águas primaveram-se ao sol novo em folha.

SEGUNDA VOZ
Evans Cangalha aperta firme com as luvas pretas o caixão que tem no peito, de medo que lhe pule fora o coração,

EVANS CANGALHA (*Rispidamente*)
Como é que fica a sua dignidade. Fique deitadinho aí.

SEGUNDA VOZ
A primavera como pianista fosse toca Filandra Beynon, professora.

FILANDRA BEYNON (*Às lágrimas*)
Ah, mas o que eu possa fazer? Jamais serei refinada se não conseguir parar quieta.

SEGUNDA VOZ
A primavera nesta manhã vigorosa espuma numa chama em Jack Black no que ele arruma um sapato de salto alto para a senhora Dai Bread Dois, a cigana, mas sisudo martela com tudo.

JACK BLACK (*Num ritmo martelado*)
Não *existe* a perna que seja do pé que é o desse sapato.

SEGUNDA VOZ
O sol e a brisa verde navegam de novo a memória náutica do Capitão Gato.

CAPITÃO GATO
Não, eu pego o guaiamu, Jesus amado, quem que é o capitão aqui? Parlez-vous jig jig, Madama?

SEGUNDA VOZ

Mary Ann Iñeyro se diz bem baixinho enquanto olha para o Morro Llapahnen da janela do quarto em que nasceu

MARY ANN IÑEYRO (*Em voz alta*)

É primavera em Llapahnen no sol na minha velhice, e esta é a terra escolhida.

{*Um coro de vozes de crianças subitamente solta uma única nota aguda, alegre, longa, e suspirante*}

PRIMEIRA VOZ

E na negra e fervilhante cozinha pigmeia úmida e já com uma demão de chá nas paredes da casa de Sérgio Cualfor, o carteiro, onde as chaleiras ronronam cusparadas bulindo rebolantes no fogão, a senhora Sérgio Cualfor abre agora com vapor a carta do senhor Mog Edwards para a senhorita Myfanwy Price e lê em voz alta para Sérgio Cualfor sob a míope luz do sol de primavera que atravessa uma das janelas lacradas lavadas de lágrimas, enquanto as galinhas drogadas e encardidas na porta dos fundos resmungam pedinchonas querendo o chá guloso e preto lama grossa.

SENHORA SÉRGIO CUALFOR

De Casa Manchester, Llapahnen. Único Propr: Senhor Mog Edwards (original de Twll), Cortineiro, Camiseiro, Mestre Alfaiate, Fantasista. Para Negligés Elegantes, Lingerie, Peignoirs, Vestidos de Baile, Enxovais, Noivas. E também Prêt-à-Porter para Todas as Ocasiões. Tem nos Trajes Econômicos para Funcionários Rurais sua Especialidade, Compram-se Guarda-Roupas. Entre Nossos Clientes Satisfeitos Há Membros do Clero e Juízes da Paz. Tiramos Medidas com Hora Marcada. Anunciamos Semanalmente na Gazeta de Twll. Adorada Myfanwy Price, minha Esposa no Céu,

MOG EDWARDS

Eu te amo até que a Morte nos separe quando então ficaremos juntos para todo o sempre. Uma nova leva de fitas chegou hoje de Carmarthen, de todas as cores do arco-íris. Quem me dera amarrar uma fita no teu cabelo uma das brancas mas não há de ser. Ontem à noite sonhei que você estava empapadinha e sentada no meu colo enquanto o Reverendo Jenkins passava pela rua. Estou vendo que você está com uma sereia no colo ele disse e ergueu o chapéu. Ele é um cristão de verdade. Não como o Cherry Owen que disse você devia ter jogado essa aí de volta pro mar. As vendas andam muito fracas. Polly Cintaliga comprou duas ligas com rosas mas nada de comprar meias então pra quê eu fico me perguntando. O Senhor Waldo tentou me vender uma camisola feminina tamanho família que disse que achou e a gente sabe muito bem onde que foi. Vendi uma caixinha de alfinetes para o Osmar Iñeyro palitar os dentes. Se continuar assim eu vou acabar num abrigo. O meu coração está no teu peito e o teu está no meu. Que Deus esteja sempre com você, Myfanwy Price, e te guarde linda para mim na sua Mansão do Paraíso. Tenho que fechar agora e sou sempre, Teu Eterno, Mog Edwards.

SENHORA SÉRGIO CUALFOR
E aí um lembretinho carimbado. Compre na Mog's!!!

PRIMEIRA VOZ
E Sérgio Cualfor, ribombante, sai no trote até o casebre de três assentos chamado de Casa Comum lá nos fundos onde choram as galinhas, e vê, sob o súbito sol primivero,

SEGUNDA VOZ
gaivotas-prateadas rezingando rumo ao porto onde os pescadores escarram e escoram o andar da manhã e remiram o mar mareado que alisa-se até o fim do

mar enquanto azula em calmarinha. Dinheiro verde e ouro, tabaco, salmão enlatado, chapéus emplumados. Potes de pasta de peixe, calor para o inverno vindouro, se entrançam nele e nele saltam lisos e lestos no luzir e nas formas de peixes que cruzam as frias ruas marítimas. Mas com olhos azuis preguiçosos os pescadores contemplam a água leiteira e sussurrante sem chanfros nem marolas como se dela viessem grossos canhões e serpentes, tufões da cidade.

PESCADOR
O mar está muito grosso para pescar.

SEGUNDA VOZ
E dão graças a Deus, e cospem numa gaivota para dar sorte, e calados e musgalmente lentos vão subindo a colina, deixando parado o mar parado, rumo ao Bar do Osmar Iñeyro enquanto as crianças

{Sino da escola}

PRIMEIRA VOZ
espancam-se e espalham-se aos trancos e cantam saindo da escola para o pátio emborralheiro. E o Capitão Gato à sua janela recita baixinho para si próprio a letra que elas cantam.

CAPITÃO GATO (*No ritmo da cantoria*)
Zé da Escolta e Josefa Lamenha
Escondem o filho num balde de ordenha
Josefa Lamenha e Zé da Escolta
Um tira e o outro põe de volta
Agora é minha vez, diz Josefa Lamenha
De tirar o menino do balde de ordenha
E é minha vez agora, diz Zé da Escolta
De lhe dar um cascudo e pôr de volta
Zé da Escolta e Josefa Lamenha
Escondem o filho num balde de ordenha
Um tira e o outro põe de volta
Ele só toma cerveja e não se revolta
Pois Zé da Escolta e Josefa Lamenha
Sempre querem que ele beba o que tenha
Por perto do balde de ordenha.

{*Longa Pausa*}

PRIMEIRA VOZ
Sobre o Bosque Torto ouve-se nítida a música das
esferas. É uma valsinha de salão.

SEGUNDA VOZ
Um coro amador canta no Cemitério de Bethesda,
animados, mas ensurdinados.

PRIMEIRA VOZ
Vegetais fazem amor por sobre os tenores

SEGUNDA VOZ
e cães latem caravanamente.

PRIMEIRA VOZ
A senhora Ogmore-Pritchard solta um arroto num lencinho minúsculo e sai perseguindo a luz do sol com um mata-moscas, mas nem ela consegue enxotar a primavera: de uma das lavandas de mesa nasce uma prímula.

SEGUNDA VOZ
A senhora Dai Bread Um e a senhora Dai Bread Dois estão sentadas na frente de casa na Alameda do Burrico, uma trevosa e uma buliçosamente desabrochando com a luz fértil do sol orvalhado. A senhora Dai Bread Dois está olhando numa bola de cristal que tem no colo da anágua amarela suja, firme contra suas firmes e morenas coxas.

SENHORA DAI BREAD DOIS
Molha a minha mão. Com o dinheiro das compras de casa. Aah!

SENHORA DAI BREAD UM
O que é que você está vendo, meu bem?

SENHORA DAI BREAD DOIS
Estou vendo um colchão de penas. Com três travessei-
ros. E um texto por cima da cama. Eu não consigo ler
o que está escrito, tem umas nuvens enormes na frente.
Agora o vento afastou. Deus é amor, diz o texto.

SENHORA DAI BREAD UM (*Encantada*)
É a *nossa* cama.

SENHORA DAI BREAD DOIS
E agora sumiu. O sol está girando feito pião. Quem
que é esse sujeito que está saindo do sol. É um baixinho cabeludo com uns beiços cor-de-rosa. E é vesgo.

SENHORA DAI BREAD UM
É o Dai, é o Dai Bread!

SENHORA DAI BREAD DOIS
Ssh! O colchão de penas está flutuando de volta. O
baixinho está tirando as botas. Está tirando a camisa
pela cabeça. Está socando o peito com as mãos fe-
chadas. Ele está entrando na cama.

SENHORA DAI BREAD UM
Continue, continue.

SENHORA DAI BREAD DOIS
Tem duas mulheres na cama. Ele olha as duas, com a cabeça meio virada de lado. Está assoviando por entre os dentes. Agora ele agarra uma das mulheres com aqueles bracinhos dele.

SENHORA DAI BREAD UM
Qual, qual?

SENHORA DAI BREAD DOIS
Eu não estou enxergando mais. Tem umas nuvens enormes de novo.

SENHORA DAI BREAD UM
Arre, cada nuvem malvada que aparece!

{*Pausa. O canto das crianças vai sumindo*}

PRIMEIRA VOZ
A manhã é toda um canto. O Reverendo Eli Jenkins, ocupado com suas visitas matinais, para na frente do Salão Comunitário para ouvir Polly Cintaliga que lava o piso para o Baile da União das Mães hoje à noite.

POLLY CINTALIGA (*Cantando*)

Um dia Fulano foi minha loucura
Era forte feito um urso e tinha dez palmos de altura
Um dia Sicrano foi minha loucura
Era grande feito um russo e tinha três pés de largura
E um dia Beltrano foi minha loucura
Mais alto que um poste, era todo doçura
Mas o homem que eu amei, adormecido ou acordado
Foi o lindo Willy Wee, e o coitado está enterrado.
Os outros três eram perfeitos, sim senhor
E nunca mais eu hei de ter aquele amor
Mas o lindo Willy Wee, ele que sempre disse sim,
O lindo Willy Wee é que era o homem para mim.
Agora tem homem, cristão ou pagão,
Que vem e me pega e me joga no chão;
Mas sempre que eu amo algum deles também
Se ele mora aqui perto ou não sei de onde vem,
Enquanto vou entrando pelo cano,
Eu só penso em Fulano, Sicrano e Beltrano
E acima de tudo, quando ele acabou,
Eu penso no Willy que a morte levou.
Os três outros já eram perfeitos, sim senhor
E nunca mais eu hei de ter aquele amor
Mas o lindo Willy Wee, ele que sempre disse sim,
O horrendo Willy Wee é que era o homem para mim.

REVERENDO ELI JENKINS
Louvado seja Deus! Somos uma nação musical.

SEGUNDA VOZ
E o Reverendo Jenkins atravessa a vila toda a toda pressa para visitar os doentes com balinhas e poemas.

PRIMEIRA VOZ
A vila está mais cheia que ovo de periquito.

SENHOR WALDO
Lá vai o Reverendo,

PRIMEIRA VOZ
diz o Senhor Waldo olhando pela janela marrom de arenque defumado do poluto Bar do Osmar Iñeyro,

SENHOR WALDO
com seu guarda-chuva e suas odes. Vai enchendo Osmar, que hoje eu não estou pra brincadeira.

SEGUNDA VOZ
Os pescadores calados enxugam suas cervejas.

OSMAR
Ah, senhor Waldo,

PRIMEIRA VOZ
suspira Osmar Iñeyro,

OSMAR
Eu tenho uma queda por essa Filandra Beynon.

PRIMEIRA VOZ
Amor, canta a primavera. A grama mola de cama salta sob a bunda das aves, sob ovelhas. E Filandra Beynon, professorinha, mexida a colheradas e fremente, dá aula para sua turma rastaquera.

VOZ DAS CRIANÇAS
Transforma-se o amador na cousa amada

FILANDRA BEYNON
Ora, ora, ora, o sotaque, crianças. Transforma-se o amador na coisa amada

OSMAR IÑEYRO
Ah, senhor Waldo

PRIMEIRA VOZ
diz Osmar Iñeyro

OSMAR DOS MARUJOS
Ela é uma dama da cabeça aos pés.

PRIMEIRA VOZ

E o senhor Waldo, que está pensando numa mulher lisinha como Eva e cortante como a ciática para dividir com ele sua cama pudim de pão, responde

SENHOR WALDO

Não conheço nenhuma dama que seja

Osmar

E se a vovó morresse, juro por Deus que me ajoelhava na frente do senhor Waldo e dizia senhorita Filandra eu dizia

VOZES DE CRIANÇAS

E o vivo e puro amor de que sou feito

Como a matéria simples busca a forma...

SEGUNDA VOZ

Polly Cintaliga canta, ainda de joelhos,

POLLY CINTALIGA

Os outros três eram perfeitos, sim senhor

E nunca mais eu hei de ter aquele

CRIANÇAS
vivo e puro

POLLY CINTALIGA
outra vez.

PRIMEIRA VOZ
E o período da manhã acabou na escola, e o Capitão
Gato sentado à escotilha cortinada de sua escuna que
se abre para a maré de primavera ouve as crianças le-
vadas trambolhando e rimando nas pedras da rua.

VOZES DE MENINAS
Ritinha chamou os garotos

Que eram todos boquirrotos.

MENINA
Garotos garotos garotos

Venham já para cá

VOZES DE MENINAS
Garotos garotos garotos
Beijem onde ela mandar
Ou deem já uma moedinha.
Fala logo, essa Ritinha.

MENINA
Me beijem no beco Gansâncio

Ou me deem já uma moedinha.

Como você se chama?

PRIMEIRO GAROTO
Joca.

MENINA
Me beije no beco Gansâncio, seu Joca

Ou me dê uma moeda, boboca.

PRIMEIRO GAROTO
Ritinha Ritinha

Eu te beijo no beco Gansâncio.

E não tenho que dar moedinha.

VOZES DE MENINAS
Garotos garotos garotos
Beijem onde ela mandar
Ou deem já uma moedinha.
Fala logo, essa Ritinha.

MENINA

Me beijem no morro Llapahnen
Ou me deem uma já moedinha.
Como você se chama?

SEGUNDO GAROTO

Joãozinho Cristeiro

MENINA

Me beije no morro Llapahnen, Joãozinho Cristeiro

Ou me dê moedinha, cavalheiro.

SEGUNDO GAROTO

Ritinha Ritinha
Eu te beijo no morro Llapahnen.
Agora não tenho que dar moedinha.

VOZES DE MENINAS

Garotos garotos garotos
Beijem onde ela mandar
Ou deem já uma moedinha.
Fala logo, essa Ritinha.

MENINA

Me beijem lá no Bosque Torto
Ou me deem já uma moedinha.
Como você se chama?

TERCEIRO GAROTO
Marcelo Lesmo

MENINA
Me beije lá no Bosque Torto, Marcelo Lesmo

Ou me dê moedinha agora mesmo.

TERCEIRO GAROTO
Ritinha Ritinha

Eu não posso te beijar no Bosque Torto.

VOZES DE MENINAS
Ritinha, pergunte por quê.

MENINA
Por quê?

TERCEIRO GAROTO
Porque a minha mãe não deixa.

VOZES DE MENINAS
Medroso medonho covarde
Pode ir dando a moedinha.

MENINA
Me dê a moedinha.

TERCEIRO GAROTO
Eu não tenho nadinha.

VOZES DE MENINAS
Mata ele no rio
No fundo, no fundo bem frio.
Seu Marcelo, eu te esfarelo,
Toma sova no traseiro
Com uma vara de marmelo.
Aii!

Quietinho!

PRIMEIRA VOZ
E os pios das meninas pipilam rodando o piá e elas guincham, agarram e rasgam enquanto ele desce a colina correndo de calça na mão remendada e o corado da cara pingado de lágrimas queimando o tempo todo enquanto as passarinas irmãzinhas triunfentas berram com botões abocanhados e os maninhos violentos zurram em pós ele com aquele apelido e com sua mãe que se envergonha e com seu pai que é sem-vergonha com as donas pé descalças vida-fáceis que nas lapas das colinas correm soltas. Nada faz o menor sentido e, uivando mãezinha leitosa, querendo cacarejo e coalhada e seu hálito bovino com bolinhos e a cama gorda com cheiro de

parto, cozinha enluarada dos seus braços, ele jamais há de esquecer enquanto rema às cegas no rumo de casa em meio ao lacrimante fim do mundo. Então seus algozes se lixam, se rixam e correm para a loja de doces da rua dos Mariscos, moedinhas meladas na mão, comprar da senhorita Myfanwy Price, toda ufana e arrumadinha feito rouxinol de peito inflado com a bunda miúda e redonda e mais dura que um pedinte, caramelos maiores que um furúnculo que se arcoíram quando chupados, e balas e bolas molhadas no vinho, centenas mais milhares, alcaçuz com mais açúcar do que deve, torrone que se estira como fita em outra língua escarlate de látex, goma que grude nas guedelhas das garotas, mais rubros xaropes de cuspir feito sangue, sorvetes casquinha, gengibirra e limonada, groselha e cerejada, pula o pirata e uns dois puns vão também.

SEGUNDA VOZ
Filandra Beynon saltita em saltos altos saída da escola. O sol cantarola pelas flores de algodão do seu vestido e penetra a campânula do coração onde então zumbe no mel e se deita e solta beijos, embriagado e espreguiçoso, no seu seio de fruta vermelha. Olhos escorrem pelas árvores e janelas da rua, bafejando 'Filandra', e a despem até os mamilos e abelhas. Pas-

sa nua correndo pelo Bar do Osmar Iñeyro, única mulher desperta nesta terra Adãomecida. Osmar Iñeyro coloca em suas coxas inda orvalhadas pelo pulsar e a firmeza primogenital do cantar de galo no jardim suas mãos de barbelas de bode.

FILANDRA BEYNON
Eu nem me incomodo de ele *ser* um qualquer,

SEGUNDA VOZ
suspira para seu eu mais fundo e priscaseros,

FILANDRA BEYNON
Eu quero é sair com ele no papo. Por mais que ele *fale* mesmo errado,

SEGUNDA VOZ
diz para a primavera desnuda e mãe-do-múndica, ancuda e de longEvas proporções do seu eu,

FILANDRA BEYNON
desde que ele siga só pepino e casca grossa.

SEGUNDA VOZ
Osmar Iñeyro olha enquanto ela passa, sóbria, altiva e matronal com seu vestido novinho de flores e cha-péu que esnoba o sol, sem nunca olhar, trinar nem

rebolar, a gèlidonzela inderretível que era a filha do
açougueiro para sempre velada contra o edaz abraço
de seus olhos.

OSMAR IÑEYRO
Ah, Filandra Beynon, por que tão altiva?

SEGUNDA VOZ
lamenta com sua guinness,

OSMAR IÑEYRO
Ah, linda, belíssima Filandra B, quisera querer fostes
feita pra mim. Quisera não fostes tão culta.

SEGUNDA VOZ
Ela sente aquela barba de bode que comicha seu
corpo no meio do mundo feito um tufo de fogo
aramado, e olha para trás aterrada em deleite em
fugir de vergastas peludosas explosões, e senta na
cozinha ante um prato empilhado de fritas e rins
de carneiro.

PRIMEIRA VOZ
Na escuridão persianada da sala de jantar da Casa
da Escola, poeirenta e ecoante como sala-de-estar
num jazigo, o Senhor e a Senhora Pugh estão calados à roda de uma fria torta gris de carne assada. O

Senhor Pugh lê, entre garfadas de uma carne amortalhada, suas *Biografias dos Grandes Envenenadores*. Encapou o tomo em papel pardo. Arisco, entre lentas bocanhadas, espioneja a Senhora Pugh, que envenena com os olhos, e prossegue a leitura. Sublinha certos trechos e sorri em segredo.

SENHORA PUGH
Gente educada não lê à mesa,

PRIMEIRA VOZ
diz a Senhora Pugh. Ela engole um comprimido digestivo do tamanho de um remédio de cavalo, que faz descer com uma água turva de sopa de ervilha.

{*Pausa*}

SENHORA PUGH
Tem gente que foi criada no chiqueiro.

SENHOR PUGH
Porco não lê à mesa, querida.

PRIMEIRA VOZ
Amarga peteleca o pó do galheteiro estraçalhado. Que pousa na torta como ralo chuvisco mosquito.

SENHOR PUGH
Porco não sabe ler, querida.

SENHORA PUGH
Eu conheço um que sabe.

PRIMEIRA VOZ
Sozinho no fervilhante laboratório de seus desejos, o Senhor Pugh se esgueira por más cubas e jeroboões, se espreme na ponta dos pés entre capões de ervas assassinas, que dançam agônicas nos seus cadinhos, e prepara especialmente para a Senhora Pugh um mingau peçonhento desconhecido de todos os toxicologistas que vai pelar e viborar por dentro dela até que suas orelhas despenquem como figos, seus dedos dos pés fiquem inflados e pretos como balões, e que lhe saia do umbigo um jato urlante de vapor.

SENHOR PUGH
Você sempre tem razão, querida,

PRIMEIRA VOZ
diz o Senhor Pugh, e rápido como um raio mergulha a mulher numa sopa de rato.

SENHORA PUGH
Que livro é esse aí no seu cocho, Senhor Pugh?

SENHOR PUGH

É uma obra teológica, minha querida. *Vidas dos Grandes Santos.*

PRIMEIRA VOZ

A Senhora Pugh sorri. Forma-se uma estalactite de gelo no ar polar dessa tumba de jantar.

SENHORA PUGH

Eu te vi conversando com uma santa hoje cedo. Santa Polly Cintaliga. Ela sofreu outro martírio ontem à noite. A Senhora Órgão Morgan viu que ela estava com o Senhor Waldo.

SENHORA ÓRGÃO MORGAN

E quando me viram fingiram que estavam procurando ninhos,

SEGUNDA VOZ

disse a Senhora Órgão Morgan ao marido, com a boca cheia de peixe qual bom pelicano.

SENHORA ÓRGÃO MORGAN

Mas ninguém cata ninhos só de roupa branca, eu me disse, como o Senhor Waldo estava usando, ou com o vestido quase por cima da cabeça que nem o da Polly Cintaliga. Ah, mas eles não me enganam.

SEGUNDA VOZ
Aviária ela engole uma vez, e o linguado sumiu. Ela
se lambe e cutuca de novo embicada.

SENHORA ÓRGÃO MORGAN
E quando a gente pensa naquele monte de filhos que
ela tem, aí eu só consigo é pensar que era melhor ela
parar de sair catando ninho por aí é só o que eu consigo pensar, não é o melhor passatempo nem de longe pra uma mulher que não consegue dizer não nem
pra um anão. Lembra o Beto Espeto? Era do tamanho
de um nenezinho e fez coisa com ela. Mas são dois
meninos ótimos, isso eu tenho que reconhecer, Juca
Espeto e Arthurzinho. Às vezes eu gosto mais do Juca
e às vezes do Arthur. Você prefere quem, Órgão?

ÓRGÃO MORGAN
Ah, Bach sem sombra de dúvida. Pra mim é sempre Bach.

SENHORA ÓRGÃO MORGAN
Órgão Morgan, você não estava ouvindo nadinha do
que eu disse. Pra você é órgão órgão órgão sem parar.

PRIMEIRA VOZ
E ela cai no choro, e, no meio da salmoura desse pran-
to, ágil fura um peixinho e pelicana o bicho inteiro.

ÓRGÃO MORGAN
E depois Palestrina,

SEGUNDA VOZ
diz Órgão Morgan.

PRIMEIRA VOZ
Lorde Vidro Lapido, em sua cozinha cheia de tempo, se agacha solitário diante de um prato canino, com o nome Totó, de aparas de peixe picantes e escuta a voz de seus sessenta e seis relógios, um para cada ano de sua idade adoidada, e observa, com amor, seus mostradores beiçoludos, preto no branco, e aluados que taqueiam o passo do mundo: relógios atrasados, relógios adiantados, síncopes cardíacas de pêndulo, porcelana, despertador, de parede, cuco; relógios com formato zumbinte de Arca de Noé, relógios que rezingam em navios de mármore, relógios no ventre de mulheres de vidro, carrilhões de ampulheta, relógios tululim-tululu, relógios que tangem melodias, relógios Vesúvio todos de campanas negras e de lava, relógios Niágara que cataratam seus tiques, antigos relógios que lamentam o tempo com suas barbas de ébano, relógios sem ponteiro para bater as horas o tempo todo restando o tempo todo sem saber as horas. Seus sessenta e seis cantores estão todos arru-

mados em horários diferentes. Lorde Vidro Lapido vive numa casa e numa vida sitiadas. A qualquer momento ou dia agourento o ignoto inimigo vai saquear e barbarizar o sopé do morro, mas ele não vai ser apanhado com as calças na mão. Sessenta e seis horários diferentes na sua cozinha gosmenta de gosma de peixe silvam, soam, ticam, tocam, tacam.

SEGUNDA VOZ
Luxúria, sussúrio e escuma, mais brisa esmeralda com grasnidos de loas passarinhas e o corpo da primavera com os seios cheios de ribeirante leite ao mês de maio, significam, para tal senhoril mordiscador de cabeças de peixe, nada além de uma nova proximidade com as tribos e armadas do Último Dia Agourento que hão de um dia crestar e pilhar o sopé do Morro Armagedão até as trancas duplas de sua cabana lacrada em ferrugem tisnada de pó tique taque no mais baixo da vila que está persinamente apaixonada.

POLLY CINTALIGA
E nunca mais eu hei de ter aquele amor,

SEGUNDA VOZ
a bela Polly canta baixinho e anseia.

POLLY CINTALIGA (*Canta*)

Pois se os garotos quando chega a feira
Vêm das montanhas para a bebedeira,
Antes do sol se pôr eu já me entrego:
São bons garotos maus que não renego,
Porém eu penso, quando tudo aconteceu,
No lindo Willy Wee que já morreu, morreu, morreu...

{*Silêncio*}

PRIMEIRA VOZ

A ensolarada tarde lenta açucarada boceja vadia
por toda a vila que siesta-se. O mar se esbalda, se
balança e presto avança, com peixinhos dormindo
no colo. As campinas calmas como um domingo,
os touros franjados sonecantes, os barrancos de
bodes margaridos, todos felizes dorminhocam na
preguiça. Tolas lagoas de patos ressonam. Nuvens
pendem travesseiras sobre o Morro Llapahnen.
Porcos roncam em molhada banheira chafúrdia, e
sorriem entre roncos e seus sonhos. Sonham com
a bolotuda lavagem deste mundo, fuçar-desenca-
var frutas-porcas, as tetas de gaita de fole da mãe
porca, os guinchos e fungadas das porquifêmeas
no cio. Se refestelam lamejantes e fuçam sob um
porcófilo sol; seus rabichos se enroscam; e se es-

baldam e se babam, balbuciam caindo num denso, num doce soninho pós-lavagem. Burricos angelicamente entorpecidos na Alameda dos Burricos.

SENHORA PUGH
Gente educada,

SEGUNDA VOZ
cutuca a Senhora gélida Pugh,

SENHORA PUGH
Não pega no sono à mesa.

PRIMEIRA VOZ
O Senhor Pugh acorda irritado. Enverga um sorriso vaselino: que lhe sai triste e cinzento por sob o bigode vitoriano de chorosa morsa ora gemado amarelo da nicotina e sempre tido grosso e bem longo em memória do Doutor Crippen.

SENHORA PUGH
Melhor você esperar até se recolher ao seu chiqueiro,

SEGUNDA VOZ
diz a Senhora Pugh, docinha qual navalha. O reles fiapo de um quase-sorriso de bajulação trava no rosto dele. Manhoso e calado, raposalmente ele se entoca em

seu covil de químico e lá, entre silvos do círculo prússico de caldeirões e frascos transbordantes de peste e Morte Negra, prepara um fricassée de beladona, nicotina, sapo quente, cianureto e baba de morcego para sua cáustica megera pétrea, o estorva-leito irritôncio daquele quebra-nozes que chamava de esposa.

SENHOR PUGH
Me perdoe, minha querida,

SEGUNDA VOZ
ele murmura num adulo.

PRIMEIRA VOZ
O Capitão Gato, diante de sua janela escancarada para o sol e os mares tosquiados que singrou no passado distante em que seus olhos brilhavam ainda azuis, cochila e viaja: embrincado e adernante, Te Amo Rosie Probert tatuado na barriga, ele briga com cacos de garrafas na abafada babel das escuras biroscas do cais, erra com um rebanho de vacas baixinhas e bem humoradas por todo porto perverso e se enrosca e troca brindes com os mortos afogados de peito ventoso. Chorando ele dorme e navega.

SEGUNDA VOZ

Uma voz entre todas recorda mais terno no que o sonho se esfarela. A preguiçosa antiga Rosie do telhado aloirado, que compartiu com Tom-Fred, o dos burricos, e muito nauta mais que os dois, clara e quaseaquimente lhe fala, voz vinda da alcova de sua poeira. Naquele golfo e porto seguro, esquadras às dúzias ancoraram pela pouca de paraíso de uma noite; mas ela fala apenas ao Capitão adormecido Gato. Senhora Probert...

ROSIE PROBERT

do Beco do Pato, Jack. É grasnar duas vezes e pedir pra falar com a Rosie

SEGUNDA VOZ

...é o único amor de sua vida marítima, ensardinhada de mulheres.

ROSIE PROBERT (*Delicadamente*)

Que mares tu viste,
Tom Gato, Tom Gato,
Quando foste marujo
Há tanto, tanto tempo?
Que monstros marinhos
No verde ondulento
Quando eras meu mestre?

CAPITÃO GATO
Te conto a verdade.
Mares quais focas latiam,
Verdes mares, e azuis,
Mares cobertos de enguias
Sereios, baleias.

ROSIE PROBERT
Que mares singraste,
Ó velho baleeiro,
Quando espermacetado
Entre América e Gales,
Foste meu contramestre?

CAPITÃO GATO
Pelo meu coração
Queridinha do Gato
Rosinha terra-firme
Amor tão morninho
Conchego chegado
Mais doce paixão,
Mares verdes ervilhos
Glissados de cisnes
Ao som dos latidos
De foca da lua.

ROSIE PROBERT
Que mar balançava
Pequeno grumete
Meu marido preferido
Faminto de botas de nauta
Meu pato baleio
Amor devaneio
Meu lindo marujo querido,
E meu nome na barriga
Quando era rapazinho
Tanto, tanto tempo atrás?

CAPITÃO GATO
Não vou mentir.
Amar o mar é ver
Amarola marchar
E nós dois embalados.
Deite, se estenda.
Vou naufragar nas tuas coxas.

ROSIE PROBERT
Bata duas vezes, Jack,
Na porta do túmulo
E mande chamar a Rosie.

CAPITÃO GATO
Rosie Probert.

ROSIE PROBERT
Guarde o nome dela.
Ela está se esquecendo.
A terra que lhe encheu a boca
Está sumindo dela.
Guarde o meu nome.
Eu te esqueci.
Estou entrando nas trevas das trevas pra sempre.
Esqueci que um dia cheguei a nascer.

CRIANÇA
Olha,

PRIMEIRA VOZ
diz uma criança à sua mãe ao passar pela janela da
Casa da Escuna,

CRIANÇA
O Capitão Gato está chorando

PRIMEIRA VOZ
O Capitão Gato está chorando

CAPITÃO GATO
Volta, volta,

PRIMEIRA VOZ

em meio aos silêncios e ao repeteco do eco dos corredores da noite eterna.

CRIANÇA

Ele está chorando no nariz todinho,

PRIMEIRA VOZ

diz a criança. Mãe e criança seguem adiante pela rua.

CRIANÇA

O nariz dele parece um morango,

PRIMEIRA VOZ

a criança diz; e aí também se esquece dele. Ela vê no quedo meio da baía ensacada de azul o Pilantra pescando do convés do *Zanzibar*.

CRIANÇA

O Pilantra me deu três moedinhas ontem mas eu não aceitei,

PRIMEIRA VOZ

a criança diz à mãe.

SEGUNDA VOZ

Pilantra fisga um corpete de barbatana. Só pegou isso o dia todo.

PILANTRA
Peixarada mais esquisita!

SEGUNDA VOZ
A Senhora Dai Bread Dois encigana o lento olhar de sua mente, trajando apenas bracelete.

PILANTRA
Ela está de camisola. (*Suplicando*) A senhora quer esse belo corpete molhadinho, Senhora Dai Bread Dois?

SENHORA DAI BREAD DOIS
Não, eu *não aceito*!

PILANTRA
E uma mordida da minha maçãzinha?

SEGUNDA VOZ
ele oferece sem esperança.

PRIMEIRA VOZ
Ela sacode a camisola de bronze, e assim a espanta da mente; e quando retorna rajadante, há lá no centro injetado de seu olho uma gueixa que sorri e faz reverências trajando um quimono papel de algodão.

PILANTRA
Eu quero me despilantrar, mas ninguém me deixa,

PRIMEIRA VOZ
ele suspira enquanto ela se contorce educada. A terra desaparece, o mar se arrebanha silente fugindo; e em meio à morna nuvem branca em que ele jaz, sedosa, comichante, inquietante música oriental o põe abaixo num mero minuto japônico.

SEGUNDA VOZ
A tarde zumbe como abelhas preguiçosas em volta das flores em volta de May Casarrosa. Quase adormecida no campo de cabras que cantarolam e dão leves cabeçadas no globo do sol, ela sopra amor numa bola de fumaça.

MAY CASARROSA (*Preguiçosa*)
Bem me quer
Mal me quer
Bem me quer
Mal me quer
Bem me quer! Velho bobo, tarado.

SEGUNDA VOZ

Preguiçosa ela se estende solitária sobre trevos e aveia-doce, dezessete aninhos e nunca deu vazão à veia doce sobre os trevos ho ho ho.

PRIMEIRA VOZ

O Reverendo Eli Jenkins retintoso em sua fresca saleta de entrada ou sala-de-poemar conta apenas a verdade na Obra de sua Vida – População, Atividade Industrial, Navegação, História, Topografia, Flora e Fauna da vila em que rende suas graças – o Livro Branco de Llapahnen. Retratos de famosos bardos e mestres, só peles e lãs da cara feia até os meniscos, pendem sobre ele, pesantes como ovelhas, ao lado de tênues aquarelas feminis do Bosque Torto em verde claro qual salada de uma alface moribunda. Sua mãe, apoiada numa palmeira que contém um vaso, com sua cintura de aliança de matrimônio e o busto feito mesa de jantar coberta de preto sofre dentro do espartilho.

REVERENDO ELI JENKINS

Oh, anjos, cuidado com esses garfos e facas,

PRIMEIRA VOZ

ora ele. Não se conhece representação da imagem de seu pai Esaú, que, descolarinhado em função de certa sua fraqueza menor, foi um dia ceifado até o talo no período da colheita por engano quando dormia com sua fraqueza menor no milharal. Perdeu toda a ambição e morreu, com uma perna só.

REVERENDO ELI JENKINS
Pobre papai,

SEGUNDA VOZ
lamenta o Reverendo Eli,

REVERENDO ELI JENKINS
morrer de bebida e agricultura.

SEGUNDA VOZ
O Fazendeiro Watkins na Fazenda Salt Lake odeia seu gado morro acima enquanto morro-abaixa as reses para a ordenha.

UTAH WATKINS (*Enfurecido*)
Que gemam, queijeiras!

SEGUNDA VOZ
Uma vaca foi pro beijo.

UTAH WATKINS
Mate essa aí a mordidas!

SEGUNDA VOZ
ele grita para seu cachorro surdo que sorri e lhe lambe a mão.

UTAH WATKINS
Estripa esse aí, senta nele, Mimosa!

SEGUNDA VOZ
ele urra para a vaca de língua farpada, que geme gentis palavras no que ele saltita e baila em meio ao hálito de verão de suas escravas que caminham delicadamente rumo à fazenda. A vinda do fim daquele dia primavero já se reflete nos lagos de seus olhos imensos. Bessie Cabeçorra recebe cada uma com o nome que lhe deu quando eram donzelas.

BESSIE CABEÇORRA
Peg, Meg, Florzinha, Moll,

Fran do Castelo,

Teodora e Mimosa.

SEGUNDA VOZ
Elas curvam a cabeça.

PRIMEIRA VOZ

Consulte Bessie Cabeçorra no Livro Branco de Llapahnen e você vai encontrar os poucos fiapos mirrados e a única linha luzente de sua história exposta ali em páginas com o mesmo amor e o mesmo cuidado dedicados ao cacho de cabelos de um primeiro amor perdido. Concebida em Bosque Torto, nascida num celeiro, embrulhada em papel, deixada na porta, cabeçuda e voz de baixo cresceu no escuro até o dia em que seu falecidíssimo Gomer Owen lhe deu um beijo quando ela não estava olhando porque tinham dito que ele não tinha coragem. Agora, dia claro trabalha, canta, ordenha, diz os lindos nominhos das vacas e dorme até que a noite lhe chupe a alma e cuspa tudo para o céu. Em sua sempiterna luz baixa, santamente Bessie ordenha as doces vaquinhas de olhos flúvios enquanto o crepúsculo faz chover lento por sobre estábulo, mar e vila.

Utah Watkins passa pela fazenda xingando em seu cavalinho de tração.

UTAH WATKINS
Galopa, aleijado de merda!

PRIMEIRA VOZ
Cavalar, o cavalo relincha delicado como se tivesse ganhado um torrão de açúcar.

Agora a vila é poente. Cada pedra, cada burro, cada ganso e a rua Ganselha é uma via do poente; e poente e poeira solene, e a primeira neve negra que anoitece, e o sono das aves, sopram todos por sob e por entre o poente vivo desse ponto de amor. Llapahnen é a capital do poente.

A Senhora Ogmore-Pritchard, quando cai a primeira gota da chuva de poente, lacra suas todas janelas que dão para o mar, cerra as persianas esterilizadas, senta-se, ereta como um sonho seco numa cadeira higiênica de espaldar alto e mergulha via força da autodeterminação num sono frio que não demora a chegar. Em comum, em condois, vêm o Senhor Ogmore e o Senhor Pritchard, que passam todo o morto dia fofocando quais fantasmos no paiol lá seu de lenha, planejando a destruição sem amor de sua viúva a logro, suspiram relutantes e se infiltram em sua casa limpa.

SENHOR PRITCHARD
O senhor primeiro, Senhor Ogmore.

SENHOR OGMORE
Por favor, Senhor Pritchard.

SENHOR PRITCHARD
Não, não, Senhor Ogmore. O senhor a ex-esposou antes.

PRIMEIRA VOZ
E pelo buraco da fechadura, com lágrimas onde os olhos antes foram, eles escorrem e rezingam.

SENHORA OGMORE-PRITCHARD
Maridos,

PRIMEIRA VOZ
ela diz dormindo. Há em sua voz um amor azedo por um de seus dois trôpegos fantasmas. O Senhor Ogmore espera que não seja por ele. O Senhor Pritchard, idem.

SENHORA OGMORE-PRITCHARD
Eu amo vocês dois.

SENHOR OGMORE (*Aterrado*)
Ah, Senhora Ogmore.

SENHOR PRITCHARD (*Horrorizado*)
Ah, Senhora Pritchard.

SENHORA OGMORE-PRITCHARD
Logo vai estar na hora de ir dormir. Me digam as suas tarefas em ordem.

SENHOR OGMORE E SENHOR PRITCHARD
Nós temos que pegar os nossos pijamas da gaveta marcada pijamas.

SENHORA OGMORE-PRITCHARD (*Fria*)
E aí vocês têm que tirar os pijamas.

SEGUNDA VOZ
Lá na vila poente, May Casarrosa, ainda estendida na relva, ouve as cabrinhas mascarem, desenha círculos de batom em volta dos mamilos.

MAY CASARROSA
Eu sou *leviana*. Eu sou má pessoa. Deus vai acabar com a minha vida. Eu estou com dezessete. Eu vou pro inferno,

SEGUNDA VOZ
ela conta às cabras.

MAY CASARROSA
Esperem pra ver. Eu vou pecar até rebentar!

SEGUNDA VOZ
Ela se afunda na relva, esperando que venha o pior;
as cabras mastigam e zombam.

PRIMEIRA VOZ
E no limiar da Casa Bethesda, o Reverendo Jenkins
recita para o morro Llapahnen seu poema do ocaso.

REVERENDO ELI JENKINS
Quando eu acordo, queira ou não,
Senhor meu Deus, eu faço uma oração,
Zelai com todo afeto pela sorte
Das pobres vidas feitas para a morte.
No fim da tarde, quando sol cochila,
Senhor, peço uma bênção para a vila
Restarmos quando a noite tiver ido,
Eu sei que nunca é garantido.
Nem bons, nem maus, nem naus nem porto,
Vivemos neste Bosque Torto.
E vós, eu sei, tereis o gosto
De ver nosso melhor e não o oposto
Deixai-nos chegar a um novo dia!
Dai-nos a bênção, peço a cortesia,
E vamos ver o sol se recolher
Dizendo adeus — mas só até mais ver!

PRIMEIRA VOZ
Jack Black se prepara uma vez mais para encontrar seu Satã na Mata. Range seus dentes noturnos, fecha os olhos, entra nas calças religiosas, que têm a braguilha cerzida com fio de sapateiro, e sai sorrateiro, munido de tocha e de bíblia, soturno, animado, para o crepúsculo que já é pecado.

JACK BLACK
Rumo a Gomorra!

SEGUNDA VOZ
E Lily Smalls está tentada pela vida pelintra do Pilantra na lavanderia.

PRIMEIRA VOZ
E Cherry Owen, sóbrio como uma segunda-feira, seu estado normal em todo dia da semana, sai feliz como um sábado para ficar mais bêbado que um pároco, como faz toda noite.

CHERRY OWEN
Eu sempre digo que ela tem dois maridos,

PRIMEIRA VOZ
diz Cherry Owen,

CHERRY OWEN
um bêbado e um sóbrio.

PRIMEIRA VOZ
E a Senhora Cherry simplesmente diz

SENHORA CHERRY OWEN
E eu não sou uma mulher de sorte? Porque eu amo
os dois.

OSMAR
Salve, Cherry.

CHERRY OWEN
Salve, Osmar.

OSMAR
Vai querer o quê?

CHERRY OWEN
Muito.

OSMAR
O Bar do Osmar Iñeyro está sempre aberto...

PRIMEIRA VOZ
Osmar sofre sozinho, desiludido,

OSMAR
... ah, Filandra, abra também!

PRIMEIRA VOZ
O crepúsculo naufraga para sempre até amanhã, e súbito ora é noite. A cidade do vento é uma colina de janelas, e nas ondas fustigadas a luz das lâmpadas nas janelas pede a volta do dia e dos mortos que fugiram para o mar. Por todo o escuro que clama, bebês e velhos recebem subornos e cantigas que os façam dormir.

VOZ DA PRIMEIRA MULHER
Nana, nenê, que a Cuca vem pegar...

VOZ DA SEGUNDA MULHER (*Cantando*)
Nana, vovô, trepado igual criança,
Vem vento, esse berço balança,
Quebra galho, esse berço já cai,
Despenca o vovô, sem nem dizer ai.

PRIMEIRA VOZ
Ou suas filhas cobrem os velhos que nem piscam como fossem papagaios, e em suas trevas particulares dos cantos acesos e ativos de jovens cozinhas, passam a noite atentos, olhinhos miúdos, por toda a longa noite caso a morte os pegue cochilando.

SEGUNDA VOZ
Moças solteiras, sozinhas em seus quartos singularmente núbeis, se empoam e apimponam para a Dança do Mundo.

{*Música de acordeon: distante*}

Diante do espelho, fazem caras altivas ou de chega-mais para os rapazes que lá fora estão na rua, em esquinas recostadas sob a luz dos postes, que esperam expostos ao vento que vem todo, soltar sussurros e assovios.

{*A música de acordeon mais alta, e depois desaparecendo sob o som...*}

PRIMEIRA VOZ
Os bebuns no Bar do Osmar Iñeyro brindam o estrago da dança.

UM BEBUM
Chega de valsa e pinote.

CHERRY OWEN
Dançar não é coisa normal,

PRIMEIRA VOZ

diz Cherry Owen cheia de razão, que acaba de en-
tornar dezessete canecos de cerveja choca, morna,
rala, amarga e galesa.

SEGUNDA VOZ

Cintila a lanterna de um fazendeiro, fagulha nas en-
costas de Llapahnen.

{*A música de acordeon se perde no silêncio*}

PRIMEIRA VOZ

Morro Llapahnen, escreve o Reverendo Jenkins em
sua sala-de-poetar,

REVERENDO ELI JENKINS

Morro de Llapahnen, mística campa, memorial de
povos que habitaram as plagas de Llapahnen antes
de os celtas deixarem a Terra do Verão e onde os
velhos magos fizeram para si próprios uma esposa
composta de flores.

SEGUNDA VOZ

O Senhor Waldo, em seu canto do Bar do Osmar
Iñeyro, canta:

SENHOR WALDO

Quando eu era jovem, morava bem longe
E ganhava um salário chulé;
Eram só seis tostões pra ficar ajudando
Um rapaz a limpar chaminé
E com seis moedinhas, não menos, nem mais,
Pagar teto, bancar refeição;
Só que tudo o que eu conseguia comprar
Era gim de mandioca e agrião.
Não precisa ter garfo, ou ter faca,
Guardanapo é uma coisa boboca,
Pra virar um pratão de agrião
E uma jarra de gim de mandioca.
E lá tem cabimento um menino pequeno
Viver desse jeito, ter que se virar
Comendo comida que não dá sustento
E bebendo uma coisa que até faz chorar?
Varre, varre, limpador de chaminé,
Eu cruzava a cidade, ia e vinha,
Sem dinheiro e descalço na neve,
Até que uma moça ficou com peninha.
Chaminé, chaminão, ela disse
Todo sujo, todinho encardido;
Ninguém mais varreu essa tal chaminé
Depois que eu fiquei sem marido.
Varre, varre logo a minha chaminé

Varre, varre logo a minha chaminé
Ela disse, corando também
Varre, varre logo a minha chaminé
Varre, varre logo a minha chaminé
Não esquece a vassoura, meu bem!

PRIMEIRA VOZ
O cego Capitão Gato sobe em seu beliche. Como um gato, ele enxerga no escuro. Por entre as viagens de suas lágrimas navega a ver os mortos.

CAPITÃO GATO
Williams Dançarino!

PRIMEIRO AFOGADO
Dançando sem parar.

CAPITÃO GATO
Jonah Jarvis

TERCEIRO AFOGADO
Parado.

PRIMEIRO AFOGADO
Caveira do Bevan Cachinhos.

ROSIE PROBERT
Rosie, com Deus. Ela esqueceu de morrer.

PRIMEIRA VOZ
Os mortos aparecem com suas roupas de missa.

SEGUNDA VOZ
Ouçam o romper da noite.

PRIMEIRA VOZ
Órgão Morgan vai à capela para tocar o órgão. Vê Bach deitado numa sepultura.

ÓRGÃO MORGAN
Johann Sebastian!

CHERRY OWEN (*Embriagadamente*)
Quem?

ÓRGÃO MORGAN
Johann Sebastian, todo-poderoso Bach. Ah, Bach, que baque!

CHERRY OWEN
Ah, vai pro inferno,

PRIMEIRA VOZ
diz Cherry Owen que parou para descansar na sepultura antes de voltar para casa.

O senhor Mog Edwards e a Senhorita Myfanwy Price felizes e lonjos um do outro no ponto mais alto e no mais marinho da vila escrevem suas noitineiras cartas de amor e desejo. No cálido Livro Branco de Llapahnen você pode encontrar os pequenos mapinhas das ilhas da satisfação dos dois.

MYFANWY PRICE
Ah, meu Mog, eu sou tua para sempre.

PRIMEIRA VOZ
E feliz ela olha em volta e vê seu quarto gracioso e jamais sem graça onde o Senhor Mog Edwards nunca há de entrar.

MOG EDWARDS
Vem para os meus braços, Myfanwy.

PRIMEIRA VOZ
E ele abraça seu rico dinheirinho contra o *próprio* coração.

E o Senhor Waldo bêbado na mata escura abraça sua rica Polly Cintaliga ante os olhos e a língua maldita de vizinhos e de aves, e não dá a menor bola. Solta um beijo de beiças vermelhas e vivas.

Mas não é o nome *dele* que Polly Cintaliga sussurra ali deitada ao pé do carvalho e retribuindo aquele amor. A sete palmos do chão aquele nome canta na terra fria.

POLLY CINTALIGA (*Canta*)
Porém eu penso, quando tudo aconteceu,

No lindo Willy Wee que já morreu, morreu, morreu…

PRIMEIRA VOZ
Escurece a noite rala. Uma brisa vinda do vinco da maré suspira as ruas no sopé lá bem perto do Boque desperto e Torto. O Bosque, onde cada pé-de-planta está calçado pela bela visão negra dos caçadores de amantes, que é jardim feito por Deus para Mary Ann Iñeyro que sabe que o paraíso já existe na terra e nos escolhidos do Seu bondoso fogo aqui em Llapahnen, que para os fazendeiros de um dia lindo é ignorante capela devassa de leitos de noivas e, para o Reverendo Eli Jenkins, sempre-vivo sermão sobre a inocência dos homens, o bosque súbito do vento sacudido se acorda de um salto pela segunda escura vez neste mesmo um dia só de primavera.

Nota do tradutor

Sobre o leite derramado

> *Imbarueri*
> *o galo cantou*
> *o rato sorriu*

1. *Quatro mulheres*

Encantadores são os nós que às vezes dão as coisas.

A história dessa nova encarnação de *Under Milk Wood* que você acabou de ler começa, ela também, num antigo vilarejo de pescadores, numa festa estranha com gente esquisita (a FLIP).

Foi ali, em 2014, que a Alison Entrekin, um dos maiores nomes de toda a história da recepção da literatura brasileira na língua inglesa, me disse que eu precisava conferir esse texto do Dylan Thomas. A gente acabava de se conhecer pessoalmente, mas eu já sabia muito bem que não tinha como não levar a sério um conselho dela.

A estupidez, no entanto...

Ah, a estupidez..

Somada à longa fila atrasada dos livros ainda por ler, e também à minha inércia joyceana de então (eu vinha de publicar o *Ulysses*, e não conseguia levar outros livros assim tão a sério [cf. supra: estupidez]) fez com que eu me demorasse.

Eu sempre demoro demais.

Mas às vezes a gente dá sorte. E ainda dá tempo.

Nove anos depois, em São Paulo, eu estava almoçando com Bete Coelho, Daniela Thomas e Lindsay Castro Lima (às vezes a gente dá muita sorte). O tema da nossa conversa era a peça que eu estava escrevendo para elas, e que até ali ainda se chamava *Babel*. Quando estreou, no fim de 2023, *Ana Lívia* tinha inclusive uma cena em que uma das personagens faz uma elaborada declamação de "Não entres mansa nessa doce escuridão", tradução do que é talvez o poema mais famoso de Dylan Thomas, a vilanela "Do not go gentle into that dark night". Mas naquela tarde, estava tudo muito no começo.

A empolgação das três, e o mero teor de talento no ar, fez com que a gente já começasse a pensar em outros projetos. E passamos a brincar com a ideia de fazer um aúdio-livro. Uma *radio play*.

Acontece que a Alison (que nessa década tinha virado amiga e comparsa) acabava de me lembrar que Thomas entrava de fato em domínio público e…bom, pra te encurtar a história, isso tudo pareceu uma dica claríssima dos generosos deuses do acaso. Até pra um demorado como eu.

Tudo se encaixou.

Ainda antes da sobremesa eu já estava descrevendo o texto pras três e pensando o que fazer com ele. Imaginando as dores e delícias de mais uma tradução esquisita.

Encerrada a primeira temporada de *Ana Lívia*, foi começar a trabalhar.

2. *Palavras, words, geiriau*

Under Milk Wood é a mais radical das obras de Dylan Thomas.

Escrita por encomenda do departamento de drama da BBC, a peça estreou na rádio em 1953, sendo depois remontada em 1964. Nas duas ocasiões, quem orquestrou a coisa toda foi o grande Richard Burton, o que transformava tudo numa reunião de talentos galeses,, sob a égide da grande empresa de comunicação "britânica".

E o País de Gales, sua realidade e sua língua, está também por trás de boa parte da tal radicalidade do texto: a liberdade que ele toma com o vocabulário, a morfologia e a sintaxe do inglês (claramente seguindo os passos do James Joyce do *Finnegans Wake*) pode ser diretamente ligada a essa situação de "biculturalismo". Elementos da língua, da onomástica, da realidade e do cotidiano da terra natal do escritor são parte central do que acaba por gerar na peça uma paisagem sonora absolutamente singular.

A língua do vilarejo de Llareggyb reflete esse duplo pertencimento: um mundo que se expressa no idioma do conquistador, o inglês, mas guarda muito de sua origem embutido nas palavras, ideias, em seus temas e obsessões. Não custa lembrar, inclusive, que o nome criado para a esquisita cidadezinha, apesar de toda aquela enfiada de consoantes dobradas e uma cara de coisa violentamente impronunciável que lhe confere sua verossímil aparência galesa, é no fundo apenas uma inversão da expressão inglesa *bugger all*: algo como "e que tudo mais vá pro inferno".

(Digamos assim...)

Ao traduzir um texto como esse, daqui, da nossa nova posição de colonizados que escrevem na língua que a Europa nos transmitiu, e agora duplamente "submetidos", imersos no domínio global daquele mesmo inglês que formatava a consciência literária de Dylan, eu não poderia deixar de me ver consciente dessa situação, de todas essas ambiguidades. E isso acabou vindo à tona num conjunto de decisões que não correspondem exatamente à minha praxe, à minha prática de tradução de literatura.

Essa passagem por Llareggyb me deixou com a mão mais solta, mais descomprometida, e o que você encontra como resultado desse processo, nessa tradução aqui, é uma curiosa versão folhada (como um doce, mesmo) daquele texto.

Galesa, inglesa, portuguesa, brasileira: tudo embrulhado e, se tudo der certo, com um gosto doce.

Alguns nomes foram traduzidos/adaptados, mas outros se mantém. Algo da aspereza das grafias e dos sons do galês continua registrado, mas outro tanto se transformou em Brasil.

Referências também atravessaram fronteiras (canções, literatura...) num processo que acabou traduzindo um tanto mais do que as palavras e o texto. No fim das contas quem veio de um lado pro outro, trasladada, foi a própria ilhota de Llareggyb, com seu Milk Wood que agora vira um Bosque Torto, e passa a se localizar em Llapahnen ("nem a pau"): comunidade igualmente estranha, deliciosamente doida, e que deve estar cravada em algum ponto novo de um oceano que nos separa mas ao mesmo tempo nos fornece o caminho do contato.

3. *E apesar de ela achar que está no palco…*
ela está mesmo

Dylan Thomas pode não ser o mais lido dos escritores modernistas nos dias de hoje. Por outro lado, sua presença na nossa paisagem cultural é incontornável.

Você é fã de Bob Dylan?

Pois adivinhe de onde o senhor Robert Zimmermann tirou esse nome artístico?

Você é fã de Beatles?

Pois adivinhe de onde teria vindo a inspiração de Paul McCartney para a invenção dos amalucados moradores de "Penny Lane"?

Tudo bem, essa história é menos certeira. Mas o poeta irlandês Paul Muldoon (obcecado pelos Beatles como toda pessoa sã) gosta de lembrar que McCartney sempre foi um ávido ouvinte da BBC, e que a famosa nova produção de 1963 da peça apareceu bem a tempo de ser ouvida por um jovem e influenciável Paul, que além de tudo já citava outro poema de Thomas, "Fern Hill", como uma das inspirações da canção.

Se a ideia do trumpete barroco que aparece no arranjo da mesmíssima canção já surgiu do fato de que ele tinha ouvido o quarto *Concerto de Brandenburgo*, de Johann Sebastian Bach, e perguntado a George Martin que instrumento seria aquele, por que não poderíamos supor essa interfertilização das insanas paisagens de uma rua real de Londres e de uma cidadezinha galesa imaginada?

The answer, my friend, is blowin' in the wind.

4. *Eu, eles e você*

Mas afinal o que é esse texto?

Eu poderia dizer que se trata de uma evocação lírica da vida dos habitantes daquela vila entre a noite de um dia (e passamos muito tempo vendo e vivendo seus sonhos), e o anoitecer seguinte.

Muita gente diz.

O texto, assim, se abre onírico, retorna a uma realidade sol-nascente que no entanto se vê toda contaminada pela liberdade e pela livre-associação do mundo dos sonhos que acabamos de, em teoria, deixar para trás, e se encerra crepusculoso, deixando de novo aberta a porta para o mundo dos sonhos.

Mas o negócio é que, acima de todas as questões de estruturas e interpretações, de enredos e mesmo de compreensões, fica o fato de que *Ao pé do bosque torto* é uma experiência (nos dois sentidos): algo único e na verdade inexplicável, de cuja leitura você acaba saindo menos com uma série de conteúdos, informações e inovações, e mais com uma sensação maravilhosa de beleza, de incompreensão e de estar muito de boa com não ter entendido tudo.

Ou não ter entendido nada. Porque se a soma dos fatores é bonita, que falta faz entender a operação em seus meandros?

Mais interessante que falar de toda essa vanguardice, é só visitar esse mundo.

Você sabe. Você viu.

Porque, acima de tudo, mais interessantes são aquelas pessoas, suas dores, seus amores, seus humores. As estranhas e inexplicadas vozes que "narram" (quem são esses indivíduos?), e o ensandecido elenco de personagens da vila: envenenadores enfastiados, marujos loroteiros, meninas sonhadoras, duplos, paralelos, espelhismos.

Thomas arranca, sim, uma página do manual de procedimentos de Joyce. Mas não se deixe levar por ideias pré-estabelecidas quanto ao que isso significa para um ou outro deles.

A tal listinha de ideias compartilhadas entre os dois inclui, é verdade, essa liberdade criativa: um à-vontade com a língua inglesa e uma grande intimidade com as formas narrativas tradicionais, que acaba se transformando numa busca muito autêntica e muito frutífera pela forma nova que lhes permita dizer de maneira mais vigorosa o que pretendiam dizer.

Modernismo...

Mas entre as coisas que esses dois escritores gigantes dividem estão também outras, que por vezes ficam escanteadas quando a gente discute a literatura "de vanguarda".

De um lado, a graça. *Ao pé do bosque torto* pode ser engraçadíssimo, e se abre a um riso refinado, mas também a uma sensibilidade cômica de raízes populares muito claras. Escancaradas. De outro, o afeto. É impossível sair dessa leitura sem sentir uma ternura intensa por aquelas vidas, aquelas pessoas, aquele mundo.

Llapahnen é cidade-irmã de Twin Peaks, e também uma Pasárgada dilatada. Lugar de sonhos e de desejos. Bizarro, violento, colorido... Morninho...

Llapahnen, se você como eu gosta também de referências mais... "pop"... é a *Imbarueri* da canção dos Mulheres Negras. Ponto surreal que fica na fronteira de Paris, Nova York, Tietê e Tatuí.

E que agora abre um consulado em Curitiba.

Muito obrigado pela leitura.
É ela que faz isso tudo existir.

CWG, novembro de 2024

Sobre o autor

O galês Dylan Thomas nasceu em 27 de outubro de 1914 e morreu em Nova York no dia 9 de novembro de 1953. Mais lembrado como poeta, escreveu também contos, roteiros para o cinema e peças para o rádio — a mais famosa delas é *Ao pé do bosque torto*, encomendada pela BBC.

Sobre o tradutor

Caetano W. Galindo é professor da Universidade Federal do Paraná. Traduziu mais de sessenta livros. Ganhou os prêmios Jabuti, APCA, Paulo Rónai e foi finalista do Prêmio Rio de Literatura.

Este livro foi produzido no Laboratório Gráfico
Arte e Letra, com impressão em risografia
e encadernação manual.